Tecnocracia
y buen gobierno

José Joaquín Jiménez Vacas

Tecnocracia
y buen gobierno

Prólogo de M.ª Soledad Núñez Méndez
Presidenta de CABINET,
Centro de Políticas Públicas y Buen Gobierno de Paraguay

Consulte la página www.dextraeditorial.com

Imagen de la portada basada en el cuadro *Nostrum mare*
de José Joaquín Jiménez Sánchez (1953-2008).

© Dextra Editorial S. L.
c/ Arroyo de Fontarrón, 271, 28030 Madrid

© Skr, preparadores S. L.
c/ General Arrando, 5, bajo exterior derecha, 28010 Madrid

ISBN: 978-84-10026-31-5
Depósito Legal: M-241-2025
Impreso en España-*Printed in Spain*

A mi esposa Carmen, que me honra epilogando
esta obra, y a mis hijos, siempre
y sólo lo primero.

A mis alumnos de la Escuela de Gobierno,
para que nunca dejen de creer.
You'll Never Walk Alone.

ÍNDICE

«Docendo discimus.»

Séneca C. (4 a. C.-65 d. C.)

PRESENTACIÓN

"El arte de dirigir consiste en saber cuándo hay que abandonar la batuta para no molestar a la orquesta". Esta célebre frase del director de orquesta Herbert von Karajan captura la esencia de un liderazgo que sabe cuándo intervenir y cuándo permitir que otros niveles de gobierno, organizaciones o personas tomen la iniciativa, reforzando así la cooperación.

Un recorrido a través de estas páginas nos ofrece una visión del buen gobierno, no sólo basado en el control, sino en un delicado equilibrio entre la toma de decisiones técnicas y la legitimidad democrática. Un equilibrio que sólo es posible a través de una combinación de ética sólida, una comprensión profunda del poder y un liderazgo capaz de fomentar la cooperación a todos los niveles.

El autor nos invita a reflexionar sobre una premisa clave, un buen gobierno sólo es posible cuando está anclado en la ética. Los líderes que actúan de manera ética garantizan que las decisiones se tomen en beneficio del interés público, creando un entorno de responsabilidad y transparencia donde se asegure que el interés personal nunca prevalezca sobre el interés público. Un buen gobierno, en esencia, es aquel que actúa con integridad, y cuyo liderazgo inspira confianza en los ciudadanos al mostrar una coherencia constante entre sus palabras y sus acciones. Sólo a través de una conducta ética, los líderes pueden garantizar que la sociedad se sienta representada y protegida.

El texto que se nos presenta muestra cómo el liderazgo político, más allá de las competencias técnicas, requiere de una vocación genuina de servicio. Los líderes deben formarse no solo en las habilidades que les permitan gestionar con eficacia, sino también en la capacidad de comprender y atender las necesidades de la sociedad desde una óptica ética y humana. Sólo entonces podrán tomar decisiones que reflejen un profundo respeto por los derechos y las expectativas de los ciudadanos.

En el contexto global actual, la colaboración entre distintos niveles de gobierno se torna imprescindible para abordar los desafíos contemporáneos. En este sentido, el modelo español de Estado descentralizado es un ejemplo claro de cómo un enfoque colaborativo puede mejorar la eficacia en la implementación de políticas. Sin embargo, esta cooperación sólo puede funcionar adecuadamente si todas las partes comparten un compromiso ético que las impulse a trabajar en beneficio de la sociedad en su conjunto.

En tiempos de desafíos globales e interdependencias cada vez mayores, este libro nos recuerda que el buen liderazgo no sólo implica saber dirigir, sino también tener la sabiduría para ceder la "batuta" cuando es necesario, permitiendo así que otros actores tomen parte activa en la sinfonía del bien común.

Enrique Cortés de Abajo
Director de SKR Escuela de Gobierno
y Transformación Pública

PRÓLOGO

La manera en que organizamos nuestras instituciones de gobierno y los elementos que la componen, tienen un impacto profundo en nuestras vidas
cotidianas. El libro *Tecnocracia y buen gobierno* se presenta como una exploración profunda de cómo los
diseños administrativos, el liderazgo público, la cultura de la cooperación y las innovaciones en la estructura del Estado pueden influir en la forma en que se
ejerce y se percibe el poder.

Existe una necesidad de avanzar en nuevos conceptos de gobierno, en una época caracterizada por
fenómenos como la polarización, el auge de los po-
pulismos, la persistencia de la corrupción, la globalización, el desarrollo tecnológico, el debilitamiento de
los sistemas públicos de control y, en general, el des-

crédito de la política como arte de gobernar. El autor nos presenta en este maravilloso libro un análisis histórico de la arquitectura del Estado así como nuevos enfoques que adquieren tintes de urgencia.

Este libro nos invita a reflexionar sobre ética pública, las características de un buen liderazgo político y su relación con el buen gobierno, el funcionamiento de los órganos colegiados en España y su naturaleza, la importancia de la integridad como uno de los pilares fundamentales de las estructuras políticas y sobre los caminos necesarios que debemos tomar para el establecimiento de un sistema de gobernanza que garantice el funcionamiento eficaz del Estado en todos los niveles de gobierno. En el libro se abre un diálogo sobre cómo las estructuras que creamos pueden ser reimaginadas para fomentar una gobernanza más eficaz.

Dividido en cinco partes, *Tecnocracia y buen gobierno* aborda tanto los aspectos históricos como los modernos de la administración política. La primera parte explora la vieja arquitectura política, desglosando los conceptos tradicionales de poder y Estado y culmina analizando casos específicos como la China de los mandarines, la Cuba posrevolucionaria y una breve reflexión sobre el federalismo en los EE. UU. A partir de la segunda parte se desarrollan los nuevos elementos planteados por el autor. El primer elemento se centra en el liderazgo y la vocación política, elementos cruciales para la conducción de los asuntos públicos. El texto pone énfasis en el rol que cumplen las administraciones públicas en la formación de líderes no sólo en conocimientos técnicos, sino también líderes con vocación pública, que sean competentes, con principios y prioricen siempre el interés general.

En la tercera parte, el libro examina el elemento volitivo del gobierno, abarcando el análisis de la acción política del Estado en base a la historia del constitucionalismo en España y el estudio de la Constitución Española (CE) de 1978. Detalla muy bien el papel fundamental de la confianza política para el funcionamiento del sistema actual y repasa distintas teorías formuladas sobre el funcionamiento de los órganos colegiados. La cuarta parte se dedica al elemento ético del buen gobierno, con un enfoque en los marcos internacionales y regionales, y la importancia de la ética en la gobernanza. Resalta el derecho de los ciudadanos a ser bien gobernados y administrados. Finalmente, la quinta parte introduce el elemento cooperativo y el nuevo modelo de "cogobernanza" para dar solución a problemas colectivos, destacando la importancia de orquestar la cooperación como cultura y a través de instrumentos eficientes de gobernanza interterritorial, sobre todo en Estados compuestos y fuertemente descentralizados como el caso de España. Resalta el texto la importancia de la "cogobernanza" que ha tomado más seriedad y conciencia luego de la crisis pandémica. El lector podrá encontrar detalles sobre el sistema de órganos de cooperación en España y su evolución, recogiendo varios aprendizajes del caso de estudio.

Este libro es una guía para administradores públicos, técnicos, políticos, estudiantes, académicos y cualquier persona interesada en el impacto del diseño administrativo en nuestras vidas cotidianas y en las estructuras de poder. A través de estudios de caso, análisis teóricos y ejemplos prácticos, el autor nos muestra cómo la arquitectura del poder puede ser una herramienta poderosa para transformar la forma en que vivimos y gobernamos.

Me gustaría invitar a los lectores a embarcarse en este viaje de descubrimiento, aprendizaje, análisis y reflexión en busca de nuevas herramientas de gestión pública. *Tecnocracia y buen gobierno* es más que un libro; es un llamado a repensar y reinventar nuestros gobiernos para impulsar cambios que aporten valor a la sociedad.

M.ª Soledad Núñez Méndez,
Presidenta de CABINET, Centro de Políticas Públicas
y Buen Gobierno de Paraguay

«Los reyes se fían más de la pericia de los letrados que de la lealtad y virtudes de los nobles, a los que reservan cargos de mayor perfil político.»

(J. M. García Marín. *El Oficio Público en Castilla durante la Baja Edad Media,* INAP, Madrid, año de 1987)

Primera parte:
De la vieja arquitectura política

Cristo profetizó la arquitectura gótica cuando dijo
«si estos callan, gritarán las piedras»

(Evangelio de San Lucas, 19: 40),
citado por G. K. Chesterton.

§ 01.
DEL DESGOBIERNO

Cuenta Heródoto de Halicarnaso (484 a. C.-425 a. C.) en sus vestigios, que cuando expiraba el emperador de la vieja Persia, durante cinco días y cinco noches se suspendían por completo todas las leyes, dejando paso al caos.

Se trataba de cinco jornadas de auténtico pánico entre las gentes.

El motivo de la medida resultaba ser que así, cuando el siguiente emperador accedía finalmente al trono volviendo a imperar, con él, de nuevo, la paz y la ley, los ciudadanos le valoraban sobremanera ya que conocían lo que significaba vivir sin normas.

§ 02.
DEL PÉNDULO DE LA HISTORIA

Es ley de la historia que las preferencias sociales vayan cambiando pendularmente por causas tanto exógenas como endógenas, de modo que en determinadas épocas se perfilan marcadas preferencias por la vida privada mientras que otras se decantan por la vida pública y por el interés y vocación por los llamados «asuntos públicos».

Un sinnúmero de cronistas puede, así, recordarnos cómo los demócratas atenienses del siglo de Pericles tenían por «idiota» a quien, abandonando la discusión sobre la cosa pública en la asamblea, se retiraba a sus asuntos privados, porque renunciaba a su condición de «ciudadano», que era lo más que una persona podía ser[1]; mientras fueron los siglos XVII y XVIII los que, por el contrario, descubrieron que buscar los intereses privados bien resultaba una forma legítima de conducta que podía resultar preferible a la de participar de los «asuntos públicos».

§ 03.

DE LA COMUNIDAD POLÍTICA

Platón (427 a. C.-347 a. C.), creía que una comunidad política debía ser pequeña para poder ser coherente

---

[1] CORTINA, A. (1993), *Ética aplicada y democracia radical.* Ed. Tecnos, Madrid, p. 145.

con la «unidad de propósito» entre sus miembros. Del mismo modo, Aristóteles (384 a. C.-322 a. C.) observó que todas las ciudades que tienen una reputación de Buen Gobierno tienen, de igual manera, un límite de población[2].

Aún en los albores de los regímenes liberales y representativos modernos de final del siglo XVIII, el provincial bordelés Charles Louis de Secondat, barón de Montesquieu, afirmaba que «en una pequeña república, el bien público se siente con más fuerza, es más conocido, y está más cerca del ciudadano». De un mismo modo, el ginebrino Jean Jacques Rousseau afirmó que un gobierno democrático presupone de una comunidad muy pequeña, donde las personas puedan reunirse fácilmente y donde cada ciudadano pueda conocer, con facilidad, a todos los demás; mientras que, por el contrario, «cuanto mayor es un país, menor es la libertad»[3].

Al deliberar sobre las posibles fórmulas institucionales para la nueva gran entidad política que luego se llamaría los Estados Unidos de Norte América, el virginiano James Madison introdujo una prudente distin-

---

[2] COLOMER, J. M.ª (2015), *El gobierno mundial de los expertos*. Ed. Anagrama, Barcelona, p. 239.

[3] COLOMER, J. M.ª (2015: 240).

ción entre «democracia» y «república». La primera, así, una democracia pura, requeriría de un pequeño número de ciudadanos que se reúnen y administran el gobierno en persona. La segunda, la república, concebida como un gobierno representativo en que algunos funcionarios electos se reúnen y administran el gobierno en nombre de los ciudadanos.

La expresión «democracia representativa», que se convertiría en estándar durante el siglo XX, se consideró, en ese momento, una contradicción en los términos.

A mediados del siglo XIX, Alexis de Tocqueville, durante su visita a Estados Unidos, todavía señaló que «las pequeñas naciones siempre han sido la cuna de la libertad política; y el hecho de que muchas de ellas hayan perdido su libertad al convertirse en más grandes, indica que su libertad era más una consecuencia de su pequeño tamaño que del carácter de la gente»[4]. Todavía en la segunda mitad del siglo XX, el politólogo Robert A. Dahl, finalmente, reservó el término democracia para un régimen político «ideal» que sería completamente responsable ante todos sus ciudadanos. Acuñó —en cambio— el término «poliarquía» para los regímenes realmente existentes, basados en elecciones competitivas por sufragio amplio.

---

[4] COLOMER, J. M.ª (2015: 240).

En tiempos «post utópicos», como los que hoy corren, profundizar en la democracia, y en la política, parece ser uno de los pocos proyectos capaces de generar ilusión suficiente como para salvarnos del inmenso vacío producido por el éxito de haberlos alcanzado[5]. Así, esta discusión se ha complicado en los tiempos más recientes, en que la democracia podrá ser concebida no como algo necesariamente vinculado con el Estado o con cualquier fórmula institucional específica sino, más bien, como un principio ético y referencia para la evaluación de diferentes normas y procedimientos institucionales. Bajo dicho enfoque, la «gobernanza» podrá definirse como forma de gobierno basada en el consentimiento social que implican los valores objetivos de la libertad, de la toma de decisiones efectiva y de la rendición de cuentas de los gobernantes. Gobernantes de una vieja gran Europa, que ya Madariaga caracterizó, en 1948, como la más sonora de las carcajadas de Rabelais, luminosa de la sonrisa de Erasmo, chispeante del ingenio de Voltaire, en cuyos cielos mentales brillan los ojos fogosos de Dante Alighieri, los claros ojos de Shakespeare, los ojos serenos de Goethe, los ojos atormentados de Dostoievski.

---

[5] CORTINA, A. (1993: Contraportada).

§ 04.
DEL SURGIMIENTO DEL ESTADO
Y SUS CONCEPTOS

El desarrollo del concepto de Estado y posterior surgimiento del Estado-nación, pueden, sin duda, analizarse a través de la contribución a la teoría política de los principales pensadores en este ámbito, desde el siglo XVI hasta el siglo XIX, lo que refleja, en síntesis, el largo camino recorrido desde el surgimiento del Estado de la mano de las monarquías absolutas, hasta los albores del Estado liberal-constitucional, inspirados en las ideas de pacto social, limitación del poder Real y derechos naturales, de Montesquieu a Rousseau, sobre las que se asientan las revoluciones liberales de finales del siglo XVIII y principios del XIX[6].

En este sentido, el surgimiento del Estado se asocia al «contrato social», en el que las personas, frente a un Estado de naturaleza ingobernable descrito por Hobbes con su *homo homini lupus*[7], renuncian a sus libertades

---

[6] JIMÉNEZ VACAS, J. J. (2023), *Ética pública y gobernanza,* Ed. Dextra, Madrid. p. 34.

[7] La frase original resulta atribuida a Tito Macio Plauto (254 a. C.-184 a. C.), en su obra Asinaria, donde el texto exacto dice: *Lupus est homo homini, non homo, quom qualis sit non novit.*

a cambio de cierto orden y seguridad, que sólo pueden quedar garantizados por un monarca absoluto, que acumula para sí, todos los poderes y que obtiene su legitimidad, precisamente, de dicho «pacto social».

El surgimiento de un Estado moderno que trae, en dicho momento, y al menos, el establecimiento de un orden jurídico único que se impone, con diferente intensidad, al conjunto de ciudadanos, si bien se modela y administra a plena voluntad del monarca, deriva, en palabras de Werner Naef, de una suerte de contexto en que el poder del Estado comienza a recoger partículas de soberanía enajenadas, a recuperar los fragmentos territoriales perdidos, a dar contenido a la soberanía estatal, a redondear el territorio y a eliminar las potencias intermedias, haciendo directo el poder de mando[8].

Asentado este primer estadio de Estado-nación moderno, comienzan a aparecer pretensiones que tratan de limitar el poder absoluto del monarca, representadas —fundamentalmente— en las ideas de Locke, mediante la fragmentación del poder absoluto, tanto a través de la participación en la elaboración de las leyes del parlamento, como depositario de la soberanía nacional, cuanto mediante el reconoci-

---

[8] NAEF, W. (1946), *La idea del Estado en la Edad moderna*. Ed. Nueva Época, Madrid.

miento de una serie de derechos naturales (libertad, propiedad privada, etc.) que comienzan a condicionar la actuación del monarca.

Estas ideas, son las que constituyen germen del nuevo pacto social que, junto con el principio de separación de poderes, asientan en las revoluciones liberales-burguesas de finales del siglo XVIII.

Sin embargo, las citadas revoluciones burguesas necesitaron de un andamiaje jurídico, en el cual quedasen codificados estos principios (pacto social, soberanía nacional, separación de poderes y reconocimiento de los derechos individuales) lo que dará lugar a surgimiento del denominado «Estado constitucional»[9].

El triunfo de este conjunto de ideas políticas, en buena parte de Europa y América, durante la primera mitad del siglo XIX, —España, por su parte, resultará un caso singular, caracterizado por su historia de avances y retrocesos en el reconocimiento de dichos principios[10]— dará lugar al establecimiento definitivo

---

[9] JIMÉNEZ VACAS, J. J. (2023: 36).

[10] L. Sánchez Agesta, definiría la historia del constitucionalismo español como una fiebre devoradora de Constituciones basada en la presencia de dos fuerzas hegemónicas, liberal y conservadora, que tratan de imponer sus ideas a través de textos constitucionales.

del paradigma de Estado-nación, caracterizado por la existencia de un conjunto de personas a las que se impondrá un poder político común, emanado del pacto social, y sujeto a normas que asientan sobre un territorio único, inviolable y no enajenable.

Esta noción de Estado se identificará, desde el punto de vista jurídico, con lo que se conoce como «Estado constitucional de Derecho», ya que presenta las notas características de separación de poderes, reconocimiento de derechos individuales y establecimiento de un principio de legalidad: la forma en que queda el Estado sujeto a Derecho responde a la máxima «está prohibido lo que no está permitido», del latín, *quae non sunt permissae prohibita intelliguntur.*

Asimismo, una consecuencia importante de esta época es la consolidación de una Administración pública que se irá profesionalizando, de manera paulatina; puesta al servicio de los gobiernos, apreciándose las primeras notas de la organización burocrática, poco más tarde descrita por Max Weber, centralizada, jerárquicamente organizada e integrada por funcionarios públicos.

La Administración pasará a regularse por el Derecho administrativo, caracterizado en palabras de Maurice Hariou, por la presencia de unas prerrogativas exorbitantes atribuidas como poder activo y por el control de su ejercicio por parte de tribunales de justicia independientes[11].

Por otro lado, desde el punto de vista político, asistimos a la configuración de un mundo caracterizado de «multipolar» en que resultarán actores directos los nuevos Estados-nación.

La evolución de esta forma de organización política, hacia el Estado democrático, variará según los Estados, pero, con carácter general, puede decirse que sufrirá avances y retrocesos durante un camino que va desde el establecimiento de la democracia censitaria y ponderada, hasta el definitivo establecimiento de un sufragio universal, a partir de bien entrado el pasado siglo XX.

Una de las consecuencias más notables derivadas de la finalización de la segunda gran guerra y del establecimiento de la política de bloques en Europa, fue la generalización del conocido como «Estado del bienestar» en la práctica totalidad de la Europa occidental, que tenía por objeto fundamental garantizar un nivel mínimo de vida para todos los ciudadanos. La implantación

---

[11] JIMÉNEZ VACAS, J. J. (2022), *De la gobernanza, liderazgo y ética pública.* Centro de Investigación para la Gobernanza Global (CIGG) de la Universidad de Salamanca (USAL). Publicado también por la *Revista Ultracontinental de Literatura Jurídica* (Brasil), volumen 3, núm. 2.

del modelo vino ciertamente acompañada de una serie de modificaciones, también jurídicas, y de un primer orden. En primer lugar, produjo la constitucionalización del Estado de bienestar a través de la fórmula de «Estado social» que incorpora a muchas de las constituciones un reconocimiento explícito de una serie de derechos sociales, alguno de ellos elevado a la categoría de fundamental, amparando la intervención del Estado en la economía, tanto como agente económico de primer orden, cuanto como agente redistribuidor de riqueza a través de sistemas impositivos progresivos.

Así, se ampara e impulsa notablemente el nacimiento de sistemas de previsión social de un carácter universal y se ponen en marcha esquemas de sanidad universal y educación pública, se refuerzan los mecanismos del Estado democrático y se amplían espacios de participación ciudadana a través de figuras como el referéndum o la propia regulación de formas de participación directa de la ciudadanía en los asuntos públicos.

Desde el punto de vista del Estado de derecho, se refuerzan los mecanismos para garantizar la independencia judicial, el funcionamiento de los parlamentos y se ponen en marcha, o se retoma, el funcionamiento de los tribunales constitucionales o de garantías. En definitiva, las constituciones sientan los principios regulatorios de funcionamiento de amplios sectores de la vida social.

Consecuentemente a la asunción de nuevas funciones por parte del Estado, asume este, pasa a asumir, un nuevo rol prestacional; originando un crecimiento exponencial de las Administraciones públicas encargadas de diseñar y ejecutar políticas públicas para la población y, por tanto, de los ámbitos regulados, total o parcialmente, por el Derecho administrativo. En definitiva, el Estado comienza un camino que va, de ser un prestador directo de servicios y un agente económico de primer orden, a ser garante de los mismos y un agente vigilante en el contexto de una dinámica histórica hoy día unida a la explosión de las nuevas tecnologías y la globalización económica, social y política.

§ 05.
DE LA LEY Y EL ORDEN JURÍDICO

Se ha convenido denominar Estado de derecho únicamente a aquel cuya producción normativa así, reúne una serie de características que proscriben el ejercicio arbitrario del poder y garantizan la libertad, la seguridad y la igualdad de los ciudadanos[12].

---

[12] Vid. TENA ARREGUI, R. (2023), en "Sobre si una ley de amnistía vulnera el Estado de derecho". Blog Fundación Hay Derecho, comentarios, 18 de septiembre de 2023.

Sobre cuáles son dichas características, existen, sin embargo, diversas teorías, que cabría agrupar —de forma sencilla— en dos grandes bloques: el grueso y el delgado (*thick* y *thin*).

Las teorías «*thick*» incluyen conceptos como la justicia o el respeto a los derechos humanos, así como la participación plural y democrática en la elaboración de las normas. Los partidarios de dicha concepción «*thin*», sin embargo, intentan limitarse a un análisis más formal o procedimental, prescindiendo de valores sustantivos. Así, los dos autores que constituyen la referencia fundamental de la corriente «*thin*» son León Fuller[13] y Cass Sunstein[14]. Y si hubiera que sintetizar sus listados de requisitos en uno solo, este bien podría resultar ser el siguiente:

1. El Derecho debe estar formulado en reglas generales.
2. Las normas deben ser prospectivas y no retroactivas.
3. Debe existir congruencia entre el Derecho promulgado y el aplicado.
4. Deben ser claras las normas, no contradictorias y no exigir lo imposible.

---

[13] FULLER, L. (1969) *The Morality of Law.*
[14] SUNSTEIN, C. (1996) *Legal Reasoning and Political Conflict.*

5. Deben ser estables.
6. Debe existir separación entre la elaboración normativa y la aplicación de la ley, con derecho de audiencia y apelación ante órganos independientes.

Una regla jurídica asocia con la idea de impersonalidad, imparcialidad e interdicción de la arbitrariedad, considera sólo situaciones abstractas y no a personas concretas, dicen los postulados del Estado de derecho, en definitiva.

Y esta idea conecta, así, con un principio fundamental de nuestra tradición jurídica, formulado claramente por los romanos en la Ley de las XII Tablas (451 a. C.) que es la prohibición del privilegio (*«privus legis»*, o exceptuado de la ley).

Porque, como nos recuerda José Antonio Fernández Ajenjo, el privilegio es, también, la semilla de la corrupción[15].

Comentando la norma, Marco Tulio Cicerón (106 a. C.-43 a. C.) se preguntaba qué podía haber más injusto que eso, ya que la ley, por su propia esencia, debe ser una resolución y un mandato, siempre y sólo, para todos.

---

[15] FERNÁNDEZ AJENJO, J. A. (2019), *Leyes de la Corrupción y Ejemplaridad Pública,* prefacio.

§ 06.
DE LA SOBERANÍA Y SUS FRAGMENTOS

Sujetando entre nuestras manos el tomo de la esencial obra *The Wealth of Nations* (Adam Smith, 1.776), se puede leer que, según el sistema de la libertad natural, el soberano debía de atender sólo a tres deberes: 1°, la defensa de la sociedad contra la violencia y la invasión; 2°, el establecimiento de una exacta administración de justicia, y 3°, el deber de construir y mantener ciertas obras e instituciones públicas, nunca en interés particular.

Es un hecho patente de nuestro tiempo que este paradigma ha cambiado de forma perceptible[16].

El concepto de territorio y el de frontera, en efecto, han cambiado. El concepto de población también se ha reformulado de la mano de los fenómenos migratorios y el concepto de poder político se ha desbordado en su síntesis y parámetro actual

---

[16] JIMÉNEZ VACAS, J. J. (2020), "Sobre globalización y derechos humanos", en *Los derechos humanos en el siglo XXI: en la conmemoración del 70 aniversario de la Declaración* / José Antonio Pinto Fontanillo (ed. lit.), Ángel Sánchez de la Torre (ed. lit.), vol. 2, tomo 2 *Los derechos humanos desde la perspectiva global, humanista y cultural,* pp. 141-145.

dado que hoy, puede decirse, existen muchos conceptos de poder[17].

Los procesos que vivimos de globalización o mundialización en efecto, a diferencia de lo ocurrido en otros procesos similares anteriores, a lo largo de la historia, goza de cierta característica especial que lo hace diferente, y esta resulta en la posibilidad de que, gracias al desarrollo de la tecnología, dichas actividades que se realizan mundial o globalmente lo hacen, además, a su vez, a un mismo tiempo.

La importancia de la globalización desde el punto de vista jurídico radica en que ha sido capaz de modificar los fundamentos sobre los que se asentaba el Estado-nación y, más aún, quizá, ciertos esquemas de los Estados sociales y democráticos de Derecho construidos desde la segunda guerra mundial; asignando o tratando de asignar nuevos roles al Derecho y, por extensión, a los gobiernos.

En este sentido, estamos asistiendo a una doble fragmentación de la soberanía.

Por un lado, por su integración en entes supranacionales, de la cual se deriva su cesión directa «hacia arriba», produciéndose lo que algunos autores han llamado «internacionalización del Derecho adminis-

---

[17] JIMÉNEZ VACAS, J. J. (2023: 45).

trativo» y en palabras de Eberhard Schmidt-Aßmann «relaciones administrativas internacionalizadas» a su vez en formas de cooperación bilateral, formas organizativas regionales, formas organizativas de alcance mundial y redes «informales» de autoridades[18].

Y, por otro lado, por procesos de descentralización política que han dado lugar a que aparezcan como titulares de soberanía entes territoriales de un ámbito inferior al Estado, como en España las Comunidades Autónomas, que legislan sobre asuntos sobre los que se les ha dotado de competencia.

La cuestión ha obligado, desde el punto de vista del Derecho administrativo —siendo el objeto de estudio en esta obra— a que se incluyan principios de actuación relativos a una necesidad de coordinación y aún de lealtad institucional «cooperativa», entre las distintas Administraciones públicas, que aplican sobre un mismo territorio y sobre unos mismos ciudadanos.

Pero mientras que la descentralización política puede justificarse por el acercamiento de las instancias de un Estado hacia la ciudadanía, la integración

---

[18] SCHMIDT-AßMANN, E. (2006), «La ciencia del Derecho administrativo ante el reto de la internacionalización de las relaciones administrativas». *Revista de Administración Pública (R.A.P.)* núm. 171.

de aquel en organizaciones supranacionales deriva en cierto déficit democrático, ya que la influencia de los ciudadanos en la toma de decisiones por parte de dichas organizaciones resulta realmente limitada en la práctica y medida de que, en efecto, las decisiones se adoptan con base a negociaciones intergubernamentales sobre aspectos que difícilmente se incluyen en los debates públicos nacionales[19].

Este proceso, por lo tanto, de «internacionalización del Derecho administrativo», no puede, ni debe, desligarse del panorama de la mundialización o globalización.

Las novedades suscitadas en la relación entre Estado y sociedad exigen, así, definir claramente el papel que ha de corresponder a los gobiernos, sobre las premisas de consecución de la eficacia y eficiencia del Estado y de su papel moderador.

Se tratará así de un reto para los gobiernos, pero también para sus Administraciones públicas y, asimismo, para las personas que aquellos y estas integran.

---

[19] JIMÉNEZ VACAS, J. J. (2021), «Capítulo 4.º Estructuras de gobernanza para la recuperación», en *La gestión de los fondos* next generation: *claves de la revolución administrativa* / M.ª Concepción Campos Acuña (dir.), pp. 123-156.

Una de las principales dificultades a las que debe hacer frente, en efecto, cualquier Estado de corte social, viene constituida por la enorme complejidad de los sectores tan heterogéneos en los que tiene que intervenir, hasta tal punto de que, como ha destacado lúcidamente E. Forsthoff (1966) «en una sociedad tan complicada como la moderna sociedad, todos los problemas políticos se convierten en problemas técnicos»[20].

§ 07.
DE LA NUEVA FÓRMULA POLÍTICA

La «gobernanza» (*governance*) o gobierno relacional, tal y como hoy se entiende, puede definirse en contexto —clara y sucintamente— y como lo expone Prats I Catalá[21], como una fórmula de gobierno característica de sociedades complejas en que la calidad de la interacción entre Administraciones públicas, y

---

[20] FORSTHOFF, E. (1966), *Problemas actuales del Estado social de Derecho en Alemania,* BOE, Madrid, p. 24.
[21] PRATS I CATALÁ, J. (2005), *De la burocracia al* management, *del* management *a la gobernanza: Las transformaciones de nuestro tiempo.* INAP, Madrid, pp. 13-16 y pp. 129-133.

entre estas y los actores sociales, fundamenta la legitimidad de la actuación política.

Para ello, busca un punto de encuentro entre la garantía del Derecho, la eficiencia de la economía, la satisfacción de las demandas de los ciudadanos respecto a la política y el respeto de los valores de la ética pública[22].

Son caracteres básicos que definen el paradigma de gobernanza, siguiendo a Baena Del Alcázar, los cinco siguientes[23]:

a) La calidad en la prestación de los servicios.
b) La ética en la actuación de los servidores públicos.
c) La participación en el funcionamiento de los servicios.
d) La transparencia como derecho ciudadano y como deber de las instituciones público-administrativas.

---

[22] FERNÁNDEZ AJENJO, J. A. (2011), *El control de las Administraciones públicas y la lucha contra la corrupción. Especial referencia al Tribunal de Cuentas y a la Intervención General de la Administración del Estado.* Civitas, pp. 418-419.

[23] BAENA DEL ALCÁZAR, M. (2000), *Curso de Ciencia de la Administración,* vol. I, 4ª edición, Tecnos. pp. 104-105.

e) La razonabilidad como criterio de actuación de las Administraciones públicas.

El paradigma de gobernanza surge, de tal modo, a mediados de los años noventa del siglo XX, tras el debilitamiento de un paradigma previo de «nueva gestión pública», para resolver los problemas de colaboración a partir del consenso creciente relativo a que la eficacia y la legitimidad del poder político se fundamentan en la calidad de la interacción entre los actores públicos y privados, adaptándose la metáfora de «redes» como forma de explicar dicha colaboración[24].

La gobernanza y la ética pública guardarán, así, como destaca Pablo García Mexía, una conexión íntima hasta el punto de que no puede «abordarse a fondo un programa de gobierno, sin tratar cuestiones relativas al uso legítimo y su correlato, el abuso de poder», el abuso de Derecho[25].

El paradigma de gobernanza, así, no puede permanecer ajeno a las reglas de ética pública y a sus valores y, por lo tanto, tal como describe Carbajo

---

[24] CERRILLO I MARTÍNEZ, A. (2005), *La gobernanza hoy: 10 textos de referencia* (en introducción), Instituto Nacional de Administración Pública, Madrid, pp. 11-23.

[25] GARCÍA MEXÍA, P. (2008), *Ética y gobernanza: Estado y sociedad ante el abuso de poder.* Tirant lo Blanch, Valencia, pp. 11-81.

Vasco[26]; hacia los problemas corporativos y sociales del *corporate and financial malpractice* como son el fraude fiscal, el blanqueo de capitales, el soborno y otras actividades delictivas, en tanto parte negativa de la interactuación de los actores públicos y sociales.

En este sentido, la cuestión del abuso de poder se ha insertado como apartado con entidad propia dentro del estudio de la «gobernanza», tanto como un elemento de legitimidad de los sistemas políticos en los Estados desarrollados, cuanto como un obstáculo básico para el afianzamiento institucional en los Estados aún en vías de desarrollo[27]. Quepa concluir, así, por todo caso, a la cuestión de cómo gobernar en un panorama de globalización, hallando respuesta, también, y por todo caso, en un nuevo paradigma de gobernanza[28], en su formulación del ideal del buen gobernante como aquel que se fundamenta en la transformación de una realidad de acuerdo con un modelo técnico.

---

[26] CARBAJO VASCO, D. (2006), "La protección de los intereses financieros de las Administraciones Públicas", *Noticias de la Unión Europea,* núm. 253, pp. 85-87.

[27] FERNÁNDEZ AJENJO, J. A. (2011: 419).

[28] JIMÉNEZ VACAS, J. J., (2023: 48).

§ 08.
DEL ASIENTO TECNOCRÁTICO

En efecto, ni siquiera las transformaciones traídas por la revolución liberal francesa contra el poder absoluto cambiaron la expansión del poder técnico; que en el siglo XIX alcanzará su edad de oro. La Francia republicana, de 1793, en guerra con todas las monarquías, se sustentó en buena parte, puede opinarse, en el ingenio logístico y organizativo de sus técnicos y pensadores. Así, la escuela politécnica francesa, verdadero «*alma mater*» de los tecnócratas, forjó instituciones nutridas de servidores públicos eficaces e incorruptos en franco contraste con las antiguas élites cortesanas y nobiliarias, ajenas a la meritocracia y dedicadas sólo a medrar socialmente.

El gobierno de los técnicos en las distintas especialidades, o tecnocracia, tiene pues una condición muy característica de desproveer de poder de decisión a los políticos (legitimados por el principio democrático), en favor de los expertos (legitimados por un servicio objetivo del interés general), siendo así el tecnócrata puro el que manda o toma las decisiones por razón de sus conocimientos técnicos. Personas expertas en conocimientos y experimentadas en la práctica, que saben sobre lo que están decidiendo y, *a priori*, asientan confianza.

El problema quizá surge cuando se descubre, con no poco cierto grado de sorpresa, que el tecnócrata, en puridad, siendo buen activo bajo el mando de gobierno, puede no ser, sin embargo, un buen gran tomador de decisiones en la práctica, faltándole, precisamente, ese alguien que se precie dirigirle, característica de gobernante y del político. El tecnócrata, en definitiva, pudiera, en ocasiones, evidenciar a la larga una cierta inepcia de político democráticamente elegido.

Y político, es el hombre de *polis*, hombre o mujer de la ciudad. Sus virtudes no son otras que las cardinales de la fe cristiana: prudencia, templanza y humildad, justicia y equidad, fortaleza y buen juicio. Gobernar requiere del dominio en la hábil técnica de la comunicación en su modelo y sentido aristotélico: manejo del *ethos* (la credibilidad), del *pathos* (la empatía emocional y racional) y del *logos* (la lógica). Liderazgo como autoridad, ameritada y no impuesta, revestida necesariamente de sabiduría y experiencia[29].

Convenga, entonces, no olvidar la importante dualidad propia del poder ejecutivo; no requiriéndose mezclar arbitrariamente al gobierno legitimado democráticamente, con la sólida Administración públi-

---

[29] JIMÉNEZ VACAS, J. J. (2023: 31).

ca, tecnocrática y garante del interés general y la objetividad en el servicio al ciudadano.

Manteniendo, así, la ya clásica relación entre aquellos que dedican su tiempo al conocimiento teórico o aplicado y los que lo dedican al liderazgo político.

§ 09.
DE LA CHINA DE LOS MANDARINES

Es paradigma digno de mención y estudio, quizá lo sea, de esta compensada tensión técnico-política, la China de los mandarines; que se consolidaron como un verdadero estamento técnico-burocrático que explicó en buena medida la longeva continuidad por tiempo, nada menos que de quince siglos, de un más que eficiente modelo de gobierno tecnocrático imperial.

Los mandarines procedían de las élites y clases altas de China, pero también podían provenir de un origen muy modesto, por lo que, además de lo que representaban, encarnaban una verdadera alternativa de ascenso social.

Los acreditaban durísimos exámenes de acceso, que empezaban con la obtención de un estatuto personal de «talento floreciente», para acabar, en el caso de los más exitosos, en el palacio imperial y ante el propio emperador ante quien debían probar su apariencia, presencia, manera de hablar y forma de expresarse; que incluso les hizo depositarios de una versión propia de la lengua china: el chino «mandarín», lo que, en efecto, los hacía imprescindibles. También cultivaron la caligrafía y el buen juicio, entendido este último como la capacidad para determinar el justo medio.

Mao Zedong, en 1949, tras el triunfo de su revolución y guerra, conociendo de la obediencia y del respeto —rozando la pleitesía— que sobre el pueblo causaban los mandarines, ordenó fusilarlos y, sin embargo, más de setenta y cinco años más tarde, no cabe más que observar cómo el poder de aquellos fue sucedido, de una forma análoga, en una de las economías emergentes más sorprendentes del mundo moderno, por un nuevo poder sustentado en el buró del gigante asiático[30].

---

[30] Vid. FUKUYAMA, F. (2023), El *liberalismo y sus desencantos, cómo defender y salvaguardar nuestras democracias liberales,* Ariel, Ciudad de México, p. 91.

§ 10.
DE LA CUBA POSREVOLUCIONARIA

A diferencia de otros países latinoamericanos en general, y autoritarios en particular, la Cuba postrevolucionaria ha conseguido profesionalizar su Administración pública ofreciendo la posibilidad de tener una carrera, más o menos extensa, dentro de esta.

Hay, en cierto modo, que reconocer el mérito de la «generación histórica» de haber formado un grupo de dirigentes y/o directivos públicos que, prácticamente, han modelado su vida bajo el poder de la revolución y que han asumido, como propios, sus intereses, así como, por supuesto, el proyecto político.

Para mejor comprensión del sistema de incentivos que ha creado una tecnocracia y burocracia muy potentes, valga observar al servicio exterior de Cuba como ejemplo. Integrado por diplomáticos de carrera que se forman desde la universidad en ese fin; cuya eficiencia explica que una isla de poco más de once millones de habitantes tenga tanta repercusión en el plano global internacional.

En este sentido, también se puede citar el trabajo de sus servicios de inteligencia, dando asesoría a otros países de su rama política. Hay que añadir que la tecnocracia cubana nutre a los sectores dirigentes, lo que se convierte en un incentivo adicional de profesionalización y de eficiencia en el desempeño de funciones.

Las personas que, así, llegan a la cúpula del poder y provienen del sector público, se incorporan a la coalición dominante luego de una carrera en la que han pasado varios procesos de selección y han mostrado la debida fidelidad al proyecto político.

En tal sentido, quepa observar que la Escuela Superior de Cuadros de Estado y del Gobierno resulta, cuanto menos, interesante para entender la concepción que tiene la dirigencia cubana de los mecanismos de ascenso social y meritocracia[31]. Se trata de un centro de formación en Administración pública (y de adoctrinamiento político) en el que los alumnos no pueden postularse, sino que acuden a propuesta de sus centros de trabajo y/o de las organizaciones sociales y políticas. Si se observan las carreras de los dirigentes más jóvenes de la Cuba posrevolucionaria, todos han pasado por dicha Escuela.

Todos los ministros de los que se tiene información han ocupado, en fin, cargos de alto nivel en la

---

[31] Vid. a SÁNCHEZ, F. (2023), en «El fin de la épica: La normalización de Cuba en América Latina y la institucionalización autoritaria». En la obra colectiva El futuro de la Cuba postrevolucionaria, (Coord. por Susanne Gratius y Matías Morgan), Tecnos, Madrid, pp. 58 y 59.

estructura del Estado, en cualquier caso. Y lo relevante es, en efecto, que más de la mitad eran los «segundos» de sus ministerios antes de ser ministros; algo que transmite el claro mensaje de «recompensa» al trabajo realizado (y también, claro está, a la fidelidad hacia la organización de la que forman parte).

§ 11.
DE UNA BREVE REFLEXIÓN EN LOS EE. UU.

En el artículo núm. 51 de *El Federalista*, James Madison explicó que, al contrario de lo que decían las enseñanzas clásicas, el gobierno también podía ser compatible con el interés y la ambición.

La libertad dependería, en ese caso, no de la virtud cívica, sino de un sistema de mecanismos y procedimientos a través de los que los intereses en pugna podrían controlarse y equilibrarse mutuamente: «La ambición debe ponerse en juego para contrarrestar a la ambición. El interés humano debe entrelazarse con los derechos constitucionales propios del lugar. Quizá pueda reprocharse a la naturaleza del hombre el que sea necesario todo esto para reprimir los abusos del gobierno. Pero ¿qué es el gobierno sino el mayor de los reproches a la naturaleza humana? Si los hombres fuesen ángeles, el gobierno no sería necesario. Si

los ángeles gobernaran a los hombres, lo mismo so-
brarían las auditorías externas del gobierno que las
internas».

Según Madison, la Constitución compensaría «la
falta de mejores motivaciones» con unos mecanismos institucionales que contrapondrían «intereses
opuestos y rivales»[32].

---

[32] SANDEL, M. J. (2023), *El descontento democrático, en busca de una filosofía pública,* Ed. Debate, Barcelona, pp. 40-41.

Segunda parte:
Del elemento de liderazgo y de la vocación política

El mensaje del quinto enigma del Claustro Interior del Edificio Histórico de la Universidad de Salamanca es siempre memorable: «La Justicia recta, despojada y desnuda de amistad y de odio, y una ponderada liberalidad, conservan el reino con firmeza.»

§ 12.
DEL LIDERAZGO POLÍTICO

Liderazgo político, así, es, o pueden ser, muchas cosas.

Es, primero, habilidad de decidir políticamente lo que tiene que hacerse y, después, la de dirigirse a otras personas (técnicos), para que también se decidan a hacerlo. Es la característica que, se dice, posee un ser humano carismático; que dota a este de singular capacidad de guiar a otros que, como líder, así le consideran, a través de la vida, de los caminos y de los proyectos que se suceden, en la consecución de un objetivo, de un resultado definido y en la asunción de las responsabilidades políticas respecto de este y de aquellos.

Liderazgo político es dirección, cooperación, gobierno y gestión eficaz del mando.

Líder, es persona singular que enfoca la atención y la energía de los demás. Persona central que integra el equipo de trabajo. Por eso, parte de la responsabilidad del líder está también en saber reconocer sus limitaciones. El líder entiende fundamental rodearse

—por consecuencia— de personas mejores que él, y no olvida nunca que el apoyo se da y la lealtad se gana. Un líder seguro de sí mismo no vacilará nunca en pedir consejo.

Liderazgo es visibilidad. Hacerse visible y transparente cuando las cosas se tuercen y complican e invisible cuando van adecuadamente. Es también humildad, modelo, empatía, equidad, pensamiento de equipo. Es formar un equipo sólido, leal, que hable con una sola voz y que se respalde mutuamente. Habilidad técnica y humana. Formación decidida, para llevar a las personas a que realicen lo máximo posible con la menor fricción y la máxima «cooperación» entre ellas. Es tener ese algo que a los demás gusta ver y escuchar. Que a los demás gusta de participar y contemplar. Ser resolutivo. Es el arte de inducir. Seducción, en todos los sentidos y vertientes. En estado puro, es escuchar: «esto lo hago, porque me lo pides tú». Es escuchar atenta y cuidadosamente, también. Hablar de un modo alentador y reforzar palabras con hechos creíbles que las corroboren.

El maestro chino Confucio (551 a. C., 479 a. C.) dijo una vez «Dios nos ha dado dos orejas y una boca». Y por algo será. Escuchar y después decidir, con la palabra y el ejemplo, es madera de líder. Y también la ironía. El indispensable sentido del humor en las relaciones personales y el buen gusto en la dirección.

El atractivo y cuidado personal. La educación y la limpieza en el trabajo. La expresión corporal y sensual. Somos dueños de nuestros silencios y prisioneros de nuestras palabras. Es ser duro, también, cuando resulta necesario. Sólido. Ser esencialmente, y por definición, justo.

«No se puede pedir a las personas que trabajan para ti, que haga algo que tú no estarías dispuesto a hacer», en testimonio del ex alcalde de Nueva York Rudolph W. Giuliani.

Liderazgo es, así, la natural, y asumida por el equipo, preeminencia de una persona o de un número de personas en el proceso de control de su grupo, de su gente. De un equipo humano con sus habilidades, sus necesidades y su sentimiento, que actúa como verdadera comunidad de rendimiento. La centralización del esfuerzo en una persona como expresión del poder de todos. Es asumir los errores como propios y los triunfos y éxitos como propios del grupo, el equipo. Es proferir halagos en público y reprimendas en privado. Es ser el polo, en la cooperación. Liderazgo, en definitiva, es saber llegar a la conclusión de que prepararse para lo esperado, es prepararse, también, para lo inesperado.

Barriendo, ahora, hacia territorio público; qué apetecibles resultan estas ideas. Las Administraciones públicas, y la política general, precisan de liderazgo, de gobierno, en el mejor sentido de cooperación, estructura de dirección y de buena política.

No puede, por tanto, renunciarse a la política, ya que sin la política no hay sociedad, no hay Buen Gobierno, ni tampoco libertad.

Hasta ahora, la preocupación por formar líderes en el seno de las Administraciones públicas y por «crear» una buena y eficaz escuela de gobierno, ha sido escasa, sin embargo.

No obstante, una regeneración y una modernización de las estructuras de gobierno y Administración, pasa también por no descuidar este punto. En efecto, los grandes modelos de organización pública y política (así la Roma o la Grecia clásicas) daban papel fundamental a la formación de sus líderes. En épocas más recientes, el líder aparece, sin embargo, denostado, teñido de connotaciones negativas o peyorativas; urgiendo una redefinición de su papel público en el ámbito político.

Desde esta óptica, la Administración pública moderna, consciente de la importancia de la existencia de líderes (y no sólo políticos), viene invirtiendo en buena formación de directivos públicos profesionales y en su estrategia de liderazgo. La cuestión es, así, romper con el inmovilismo, logrando en fin la chispa que encienda la mecha del cambio, de la regeneración, del dinamismo y de la eficacia política.

La Administración por consecuencia, debe de facilitar la aparición de líderes, no sólo dotados de conocimientos técnicos (tecnócratas), sino también de otras habilidades y, sobre todo, de vocación y de liderazgo político.

Un gobernante no sólo nace, sino que también se hace. En política, en la economía, en la Administración y en la vida, detrás de un jardín bien cuidado hay siempre un austero, eficaz, humilde y minucioso jardinero. En su ausencia, sin embargo, crecen la corrupción, la miseria, las plagas y la podredumbre.

Parece interesante, a la hora de abordar el estudio de las competencias de liderazgo que debieran darse en un gobernante, analizar los «principios de la vida pública» en marco del «Informe Nolan». Resultó, a petición del primer ministro británico, a finales de 1995, la constitución de un comité de expertos con objeto de proponer normas de conducta pública. El comité, presidido por el juez Lord Nolan, emitió un dictamen del que bien se pueden extractar recomendaciones, entre ellas, las que refieren a los principios que han de inspirar la actuación de políticos y funcionarios públicos:

Así, en un primer término, la capacidad de asumir el «interés público» (*selflessness*).

El gobernante deberá, de tal modo, adoptar sus decisiones únicamente en aras del interés público. Nunca actuará a fin de obtener beneficio económico o cualesquiera otros beneficios materiales para sí, su familia o sus amigos. En efecto, es necesario que se asuma el interés público como motor de toda acción y justificación de toda potestad pública. Si la Administración tiene alguna capacidad de imponerse en algún momento, ello es porque debe defender ese interés público. Si este no está presente nada justificará una actuación poderosa o de potestades de gobierno.

En segundo lugar, el principio de integridad *pública*: el gobernante no debe ponerse en situación de contraer obligaciones financieras, ni ninguna otra, con individuos u organizaciones que pudieran influir en el desarrollo de sus actuaciones públicas. Y es que, quien evita la ocasión, también evita el peligro.

A comienzo del siglo XIX, así, el código penal español ya castigaba al funcionario público que «gastase, con escándalo, más de lo que le permitían sus sueldos, bienes o recursos honestos».

El principio de objetividad en el buen desempeño de las actividades públicas, en un tercer término; incluye también el nombramiento de altos cargos, firma de contratos, o la recomendación de individuos para premios o beneficios, asimilándose una idea base, en su definición, de que la Administración pública basará todas sus elecciones en los principios de mérito y capacidad. Cada vez son más las medidas que, a efecto, se adoptan en este sentido. Es el caso de los procedimientos de selección objetivos, las aperturas públicas de plicas y ofertas de contratación, o la firma de declaraciones de ausencia de conflicto de intereses (documento DACI) por todos los participantes en los procedimientos de ejecución del PRTR (Plan de Recuperación, Transformación y Resiliencia, en España): licitación de contratos o adjudicación de subvenciones y de ayudas públicas.

En cuarto término, el recurrente principio de responsabilidad: el personal al servido de la Administración pública es responsable de las decisiones y actos que afecten a la sociedad y debe someterse a cualesquiera tipos de escrutinio o de control que se consideren necesarios.

El citado personal de gobierno, así, deberá ser tan transparente como le sea posible respecto de las decisiones y actos que adopte. Deberá siempre motivarlos y sólo se restringirá la información cuando claramente ello lo exija el interés público. En una democracia madura (como a la que aspiramos), la población debe estar en diálogo con la política y, recíprocamente, la política debe estar pendiente de no perturbar al ciudadano con exceso de información superflua. Uno de los logros así, del sistema parlamentario británico, se resumió en la expresión: «*quod omnes tangit debet ad-ómnibus aprobari*» (lo que a todos compete, debe por todos ser aprobado).

Un esencial principio de honestidad. El gobernante tiene el deber de declarar cualquier interés privado que guarde —o sea susceptible de guardar— relación con su actividad pública, de modo que quede salvaguardado siempre el interés público.

La corrupción —lo contrario de honestidad— es una de las cuestiones más corrosivas de nuestro tiempo: malgasta recursos públicos, aumenta la desigualdad económica y social, alimenta el descontento y la polarización política y disminuye la confianza en las instituciones. Asimismo, la corrupción perpetúa la desigualdad y la pobreza, afectando el bienestar y la distribución de ingresos, y socavando las oportunidades de participar por la ciudadanía, equitativamente, en la vida social, económica y política del Estado.

La honestidad consistirá en la alineación y adhesión a valores, principios y normas éticas compartidas, para mantener y priorizar el interés público sobre los intereses privados en el sector público y en la política.

En todo caso, finalmente, la integridad será uno de los pilares fundamentales de las estructuras políticas, económicas y sociales y, por tanto, resultará valor esencial para el bienestar económico y social, así como para la prosperidad de los individuos y de las sociedades en su conjunto.

Quepa, en este punto, poner énfasis en la conexión —por resultar afines o próximos— de los conceptos de liderazgo público y de vocación política.

Probablemente si se preguntara por la calle, y más en los tiempos que corren, nadie asociaría vocación a política. Es, por ello, fundamental empezar a romper esquemas en tal sentido, pues el servicio al «interés público» puede, desde luego, ser también una llamada y, como tal, debe desarrollarse; porque liderazgo es espíritu de servicio, vocación profesional y perfeccionamiento permanente, eficacia en el mejor sentido de trabajo bien hecho y responsabilidad de los actores públicos y gobernantes.

§ 13.
DE LA VOCACIÓN POR LOS ASUNTOS PÚBLICOS

Uno de los defectos del enfoque tecnocrático de la política, es que deposita la toma de decisiones en las manos de las élites y, con ello, desempodera a los ciudadanos corrientes; comenta Michael Sandel, en su esencial obra sobre la tiranía del mérito[33].

---

[33] SANDEL, M. J. (2020), *La tiranía del mérito, ¿Qué ha sido del bien común?*

Así, mientras el término burocracia se compone de «*bureau*» (despacho) y «*cratos*» (poder) refiriendo al llamado gobierno de las normas y procedimientos y encontrando una pluralidad de detractores, el modelo «tecnocrático» ha encontrado, a diferencia, ciertos defensores y hasta auténticos apologetas o *groupies*.

La raíz semántica de la «tecnocracia», es técnica y resulta notorio el mito que evoca esta palabra en la sociedad moderna. Las reacciones peyorativas que, en efecto, en la imaginación despierta la burocracia, son positivas tratándose de la tecnocracia. Y quizá, por lo mismo, la moderna crítica antitecnocrática es rigurosamente intelectual o política, así como, si me lo permiten, de un inequívoco signo elitista.

Alguien dijo una vez —cuenta el filósofo Daniel Innerarity[34]— que cuando un profesor de Oxford se refiere a la decadencia de occidente, en realidad está pensando en lo malo que es el servicio doméstico. Así lo añadiría Zygmunt Bauman[35], en un mundo en que una pequeña élite tenía en sus manos todos los hilos, de modo que el resto de la humanidad eran

---

[34] INNERARITY, D. (2015), *La política en tiempos de indignación.*
[35] BAUMAN, Z. (2000), *Modernidad líquida, defiende este parecer.*

meros títeres; un mundo dividido entre manipuladores y manipulados, planificadores y cumplidores de planes —los primeros ocultaban los planes y los segundos ni siquiera sentían deseos de espiarlos para comprender su sentido—, un mundo en el que cualquier otra alternativa resultaba inimaginable.

La «tecnocracia» no es, de tal modo, solamente un sistema de gestión; también es una arquitectura de poder y este es, cabalmente, su aspecto más llamativo. Se trata, en efecto, de una desposesión de poder de los responsables políticos, en beneficio de los expertos.

En España, nos familiarizamos con el término durante el advenimiento de una fase final del régimen autárquico precedente a la transición, en el que hubo un cambio de líneas dentro de las élites del régimen, dando paso a los llamados «tecnócratas», bajo cuya influencia se desarrollaron los planes de estabilización y el aperturismo, creando instituciones «clave» para el desarrollo industrial del país y cuya influencia tuvo un peso determinante hasta los estertores del tardofranquismo.

Así, desde un punto de vista histórico, los cuerpos tecnocráticos de funcionarios públicos hicieron su aparición en nuestro país y en la función pública española, en el contexto de la reforma administrativa iniciada, a partir de 1956, por Laureano López Rodó, que fue primer titular de la Secretaría General Técnica de la Presidencia del Gobierno, buscando dar un nuevo enfoque a la organización y funcionamiento de una Administración pública que precisaba adecuarse a los nuevos «roles», retos y demandas sociales.

Dichos altos cuerpos del Estado fueron creados con un objetivo claro de responder a una necesidad de funcionarios públicos «generalistas», que proporcionasen a la Administración una visión global de las más que distintas áreas de actividad que abarca la gestión del servicio público, frente a la visión segmentada que, hasta el momento, proporcionaban los cuerpos propios a los distintos departamentos ministeriales.

Además, se trataba de unificar su selección, formación e ingreso, así como facilitar su movilidad y posible traslado de unos ministerios a otros, que hasta entonces no existía.

La reforma, trataba también de cristalizar una preocupación y una vocación por los intereses generales, por las exigencias del buen funcionamiento de los servicios públicos y por la creación de un nivel superior de dirección pública profesional que garantizase la uniformidad en toda la Administración, al servicio siempre de los más altos valores de lo público.

Resultaba en definitiva necesario incorporar un nuevo estilo de técnicos generalistas de nivel superior, con altas capacidades de análisis, dirección y comprensión de los fenómenos públicos, sociales y económicos; que pudieran realizar su trabajo más allá de la simple aplicación rutinaria de las leyes y reglamentos, más propia de una alta burocracia que de una dirección pública[36], pudiéndose, como consecuencia, contar con verdaderos «tecnócratas» al servicio del interés público, cualificados e idóneos, capaces de hallar soluciones eficaces por encima de otras consideraciones, ideológicas o políticas y que favorecieran la progresiva mímesis de España al estado de desarrollo de los países de su entorno europeo.

Se configurarán normativamente, de esta forma, a modo de equipo directivo público, seleccionado entre las tan diversas titulaciones superiores universitarias, con amplia formación para ocupar y servir en la Administración pública los puestos de apoyo a la adopción de las decisiones económicas, normativas, presupuestarias y políticas; y a su implementación en beneficio de los intereses generales de la sociedad, convirtiéndose en directivos de un inequívoco rango público-profesional, que se hallan en disposición de

---

[36] Así distinguen VILLORIA MENDIETA, M. y IZQUIERDO SÁNCHEZ, A. (2016), *Ética pública y Buen Gobierno. Regenerando la democracia y luchando contra la corrupción desde el servicio público.*

garantizar al ciudadano una visión global panorámica, que se extiende desde las relaciones internacionales hasta las materias financieras, culturales, sociales o medioambientales.

Las Comunidades Autónomas, que también son Estado en España *ex* artículo 137° de la Constitución Española, han adoptado el modelo estatal en la estructuración de su función pública, habiéndose dotado, igualmente, de cuerpos de funcionarios directivos para desempeñar todo tipo de funciones administrativas de nivel superior, entre las que se encuentran las puramente directivas, pero también las de gestión, certificación, inspección, ejecución, control, estudio, informe, propuesta, elaboración normativa, asesoramiento de la política, planificación de políticas públicas y otras similares.

La arquitectura política y constitucional del Estado en Comunidades Autónomas, ha supuesto una dispersión territorial, en España, de diferentes cuerpos en cada una de la autonomías; si bien todos ellos sujetos a «das bases del régimen jurídico de las Administraciones públicas y del régimen estatutario de sus funcionarios» (artículo 149.1 17ª de la Constitución Española), lo que conduce a una homogeneidad de todos los «tecnócratas» en los fundamentos de su actuación, entre ellos, al servicio a los ciudadanos y a los intereses generales, el sometimiento pleno a la ley y al Derecho, la objetividad, profesionalidad e imparcialidad, la transparencia pública, la responsabilidad y la cooperación entre Administraciones; otorgando, así, resultado, adecuado y suficiente, de sustento y asiento para el gobierno y los gobernantes.

La función de la Administración pública es servir al interés general, siendo, así, por consecuencia plenamente evidente que su función no es la de gobernar. Pero no es menos evidente que sin la Administración no se puede gobernar. La Administración es el cuerpo del Ejecutivo y, lo que es si cabe aún más importante: es la inteligencia técnica del gobierno; el asesoramiento objetivo y racional a los designios políticos[37].

Las democracias que, por el contrario, operan con una Administración politizada rinden poco; mientras que las que trabajan con una Administración pública basada en el mérito y en la capacidad, disfrutan de altos niveles de calidad de gobierno.

En pocas palabras así lo concluyen, en fin, Carl Dahlström y Víctor Lapuente, cuando afirman que

---

[37] MORENO LUCÍA, P. (2023), «La decadencia de la separación de poderes en un Estado irreconocible», en *Una nueva mirada al mundo* (Coord. Enrique Cortés de Abajo y Juan Francisco Hernández Alfaro), Madrid, Ed. Dextra, p. 573.

los regímenes gobernados por políticos que rinden cuentas ante sus ciudadanos requieren, también, de burócratas que no rindan cuentas ante sus jefes políticos[38].

---

[38] DAHLSTRÖM, C. y LAPUENTE, V. (2018), *Organizando el Leviatán: Por qué el equilibrio entre políticos y burócratas mejora los gobiernos,* Ed. Planeta, p. 254.

Tecera parte:
Del elemento volitivo de gobierno

«La gente de este país ya está harta de expertos»
(Michael Gove), Citado por Ece Temelkuran (2019),
*Cómo perder un país: Los siete pasos de la democracia a
la dictadura.*

§ 14.
DE LA CONSTITUCIÓN POLÍTICA EN ESPAÑA

Nuestro constitucionalismo histórico se ha caracterizado por su inestabilidad, su falta de originalidad, y por el hecho de que las constituciones fueron documentos políticos que un partido impuso al resto, que no tuvieron un valor normativo y que su valor político fue también en cierto modo relativo porque los actores políticos las ignoraban o quebrantaban con total impunidad. Nuestro constitucionalismo ha sido frágil y epidérmico; la falta de respeto al Derecho y a la voluntad política de consenso explican que la Constitución no haya sido, entre nosotros, hasta la vigente de 1978 (CE), un vínculo de unión y un instrumento de integración política, sino un factor de discordia[39].

---

[39] JIMÉNEZ VACAS, J. J. (2024), *Diálogos para el futuro judicial LXXVI. Constitución Española: estado y reformas.* Álvaro Perea González (coord.), con Manuel Fernández-Fontecha Torres, Elisa de la Nuez Sánchez-Cascado, José Amérigo Alonso. Diario La Ley n.º 10450.

Tras un largo proceso de negociación, el texto definitivo de la Constitución Española fue aprobado por el Congreso de los Diputados y por el Senado el 31 de octubre de 1978 y sometido a referéndum popular el día 6 de diciembre del mismo año.

El entonces Monarca, Juan Carlos I, la sancionó en sesión conjunta del Congreso y del Senado el 27 de diciembre de 1978 y dos días después, el 29 de diciembre, se publicó en el Boletín Oficial del Estado, entrando en vigor el mismo día.

La Constitución de 1978 (en adelante, CE), así, es la séptima en toda la historia constitucional española (la octava, si se cuenta también el Estatuto Real, de Martínez De La Rosa, de 1834). Historia constitucional a la que Luis Sánchez Agesta refiere como «historia de un fracaso»: el de la continuidad y estabilidad constitucionales, que bien puede achacarse a la ausencia de un auténtico sentido constitucional, en la medida en que las distintas constituciones españolas han venido a ser instrumento en manos de las distintas tendencias políticas. Sánchez Agesta define, en efecto, la historia del constitucionalismo español como una «fiebre devoradora de constituciones», basada en la presencia de dos fuerzas hegemónicas, liberales y conservadoras, que tratarían sistemáticamente de imponer sus ideales, a través de esos textos políticos constitucionales.

Aquí radicará entonces, precisamente, la gran importancia de la actual Constitución de 1978. En su vigencia, durante cuarenta y seis años (en 2024), y en el hecho de que es una Constitución aprobada con el consenso de todas las fuerzas políticas, en un momento, además, especialmente complejo como lo fue la transición de una dictadura a un régimen democrático.

La Constitución de 1978 muy pronto tendrá el honor de resultar ser la más longeva de la historia de España; superando, por fin, a la de 1876, que durante el periodo de la restauración monárquica permaneció en vigor también durante cuarenta y seis años, hasta el mismo comienzo de la dictadura de Miguel Primo de Rivera, en 1923.

§ 15.
DEL GOBIERNO

El principio científico de división del trabajo ha desglosado Derecho administrativo de Derecho político y ha distinguido a la Administración pública del Gobierno[40].

---

[40] Vid., al respecto, a MAYER, O., *Deutsches Verwaltungsrecht*, 1, 18, ULBRICH, J., *Lehrbuch des österreichischen Verwaltungsrechts*, núm. 43, donde cita que: «El Derecho administrativo, es una disciplina jurídica desglosada del Derecho político» —KIRCHENHEIM, A.,

La Constitución Española de 27 de diciembre de 1978, recoge, en su título IV, muy determinados principios que inspiran la actuación administrativa garantizan el sometimiento pleno de su actividad a la ley y el Derecho y configuran al Gobierno como el órgano eminentemente político que dirige la Administración y que ejerce la potestad normativa reglamentaria (*ex*. artículo 97 del texto constitucional).

En el ordenamiento que tuvo su origen en el régimen autocrático precedente, citado, se reducía, sin embargo, el papel del Gobierno al órgano superior en que culminaba la Administración del Estado; quedando aquel, por consecuencia, concebido como un mero apéndice o prolongación de esta, con la que compartiría, en buena medida, una naturaleza jurídico-administrativa.

El artículo 97 citado de la CE de 1978 deshace esta concepción y recupera para el Gobierno el ámbito político de la función de gobernar, inspirada por el principio de legitimidad democrática, manteniendo, por su parte, a la Administración pública bajo inspiración de un principio por completo distinto: el de servicio con

---

Einführung in das Verwaltungsrecht, 25., cit. por SPIEGEL, L., Derecho administrativo (traducción del alemán por Francisco J. Conde, Universidad de Sevilla), Ed. Labor, Sección VIII, Ciencias Jurídicas, núm. 342 (1933), Barcelona— Buenos Aires, p. 11

objetividad a los intereses generales (conforme artículo 103 del mismo texto constitucional)[41].

Se perfilan, así, con absoluta nitidez, los rasgos propios que definen a Gobierno y a Administración como instituciones públicas constitucionalmente diferenciadas; y se establece la subordinación de la Administración a la acción política de dirección del Gobierno. Se conserva, por su parte, también, en efecto, como texto independiente la Ley del Gobierno (LG) que, por regular de una forma específica la cabeza del Poder Ejecutivo, con naturaleza y funciones eminentemente políticas, debe mantenerse separada de la norma reguladora de la Administración, dirigida por aquel hacia el servicio con objetividad al interés general (*ex* artículo 103 de la CE, ya citado).

El Gobierno se convierte, así, en el centro de la acción política del Estado, más allá de las funciones enumeradas en los propios textos constitucionales y a pesar de las importantes competencias atribuidas a otros órganos constitucionales, de las formas organizativas regionales o de los procesos de integración supranacional en que nos hallamos inmersos[42].

---

[41] JIMÉNEZ VACAS, J. J. (2021, 2).
[42] ÁLVAREZ CONDE, E., *El Gobierno en funciones.* Documentación Administrativa / núm. 246-247 (septiembre 1996-abril 1997).

§ 16.
DE LOS ÓRGANOS POLÍTICOS

La CE (1978) no reconoce expresamente al Estado personalidad jurídica (sí lo hace la ley). Tampoco se la reconoce, expresamente, a las Comunidades Autónomas (de la misma manera, lo hace la ley); y sí, sin embargo, la reconoce a municipios (artículo 140, «estos gozarán de personalidad jurídica plena») y a las provincias (artículo 141°, «la provincia es una entidad local con personalidad jurídica propia»), e incluso a circunscripciones territoriales supramunicipales (artículo 152, apartado 3°, «mediante la agrupación de municipios limítrofes, los estatutos podrán establecer circunscripciones territoriales propias, que gozarán de plena personalidad jurídica»).

La Administración pública, como persona jurídica, no puede, por efecto, actuar —por sí misma— en el tráfico por faltarle, esencialmente, la sustancia «corpórea» necesaria para ello.

Dicha actuación, en consecuencia, habrá de producirse mediante personas físicas a quienes corresponderá dirigir políticamente, formar, manifestar o ejecutar su voluntad.

La cuestión es, por tanto, relativa a explicar la naturaleza de la relación que liga a tales personas (físicas) y a la entidad jurídica (Administración pública) por cuenta de la que actúan. Y dos han sido, en síntesis, las teorías más relevantes formuladas al respecto.

La teoría de la «representación», que considera que dichas personas físicas resultan genuinos representantes de la Administración, existiendo, de manera consecuente, una dualidad de personalidades o de voluntades.

Y, frente a ella, la generalizadamente aceptada en la actualidad «teoría del órgano», que considera que las personas físicas que actúan por cuenta de la Administración no son representantes sino, más bien, titulares de los órganos de aquella y que, por consecuencia, ostentan, virtud de dicho nombramiento, una misma personalidad[43].

No es por ello posible hablar de una voluntad distinta de la de los sujetos (personas físicas, cargos titulares de un órgano) que, en cada momento y para cada actuación, la encarnan, en virtud de los correspondientes nombramientos administrativos o de gobierno.

Así, conforme nos recuerda la consensuada «teoría del órgano», acuñada por Otto Friedrich Von Gierke en el año 1880, «da organización administrati-

---

[43] GIERKE, O. V. *Johannes Althusius und die Entwicklung der naturrechtlichen Staatstheorien* (1880).

va se resuelve en órganos» y cada Administración pública a partir de su personalidad jurídica única, actúa y exterioriza su voluntad, de acuerdo con el principio de competencia, a través de sus órganos políticos y administrativos, que decide crear con base en su potestad de «autoorganización».

En tal sentido, esta autonomía y discrecionalidad autoorganizativa se extiende, a su vez, al ejercicio de sus respectivas competencias sobre procedimientos, empleados, bienes y haciendas públicas (vid. la sentencia del Tribunal Constitucional de España, en adelante STC, n.º 111/2016, de 9 de junio). La materialización de esta potestad de autoorganización se encuentra, así, plenamente sometida a los principios del artículo 103 de la CE, esto es, ha sido otorgada por el ordenamiento para conseguir determinados fines públicos y de dirección de gobierno.

En consecuencia, desde punto de vista doctrinal, cabría considerar que los órganos son todas aquellas unidades a las que el ordenamiento reconoce la posibilidad de realizar eficazmente una actuación, comprometiendo, con ella, a la persona jurídico-política en la que se integran[44].

---

[44] VALERO TORRIJOS, J. (2002), *Los órganos colegiados*. Instituto Nacional de Administración Pública (INAP), p. 390.

Así y si bien la CE reconoce, efectivamente, protagonismo colegiado del Consejo de Ministros como el máximo órgano de gobierno; también es cierto que reserva al presidente del gobierno el nombramiento y cese de los ministros y vicepresidentes y, por extensión, la dirección política de la acción gubernamental y la coordinación de sus miembros (*ex* artículos 98 y 100 de la Carta Magna española).

§ 17.
DE LA CONFIANZA POLÍTICA

Siguiendo a Julián Valero Torrijos[45], la primacía presidencial sobre el resto de los integrantes del Gobierno se justifica, en gran medida, a partir del concreto modelo parlamentario constitucionalizado, en el que únicamente se conciben instrumentos efectivos para la exigencia de la máxima responsabilidad política, esto es, su cese mediante moción de censura, respecto del presidente, mientras que para el caso de los ministros las consecuencias del control parlamentario no pueden llegar más allá de la mera reprobación prevista por el artículo 111 de la CE, por cuanto la

---

[45] VALERO TORRIJOS, J. (2002: 356-358).

decisión sobre el cese o continuidad del ministro al frente de su departamento corresponde, siempre y sólo, y en exclusiva, al presidente.

Este último recibe, así, directa y personalmente, en efecto, la confianza política del parlamento, con antelación incluso a la determinación del equipo ministerial, de ahí que no pueda hablarse de una auténtica o efectiva dirección «colegiada» del Ejecutivo, dada la primacía institucional que corresponde siempre a su presidente.

En definitiva, la colegialidad propia de los órganos gubernamentales encargados de la dirección del Poder Ejecutivo (Consejo de Ministros y Consejos de Gobierno de las Comunidades Autónomas) así como, en general, de los órganos pluripersonales de apoyo de aquellos —Comisiones delegadas—, presenta, por consecuencia, unas características singulares por lo que refiere a su intensa dependencia, estructural y funcional, de la máxima autoridad unipersonal: el presidente del Gobierno, por lo que puede concluirse, con así también lo hace Antonio Bar Cendón[46], que la «colegialidad gubernamental» se encuentra debilitada, tanto jurídica cuanto políticamente.

---

[46] BAR CENDÓN, A. (1985), «La estructura y funcionamiento del Gobierno en España: una aproximación analítica», en la obra colectiva *El Gobierno en la Constitución Española y los Estatutos de Autonomía,* Diputación de Barcelona, Barcelona, pp. 47 y ss.

La Ley 40/2015, de 1 de octubre, de Régimen Jurídico del Sector Público en España (LRJSP), asume la distinción y en su disposición adicional vigesimoprimera establece que «las disposiciones previstas en esta ley, relativas a los órganos colegiados, no serán de aplicación a los órganos colegiados de Gobierno de la Nación, los órganos colegiados de Gobierno de las Comunidades Autónomas y los órganos colegiados de Gobierno de las Entidades locales», sin dejar, por lo tanto y no obstante, de considerar a estos de un carácter colegiado (*collegium*).

Atendiendo a la disposición final decimocuarta de la LRJSP, la adicional vigésimo primera resultará básica. Esta disposición, en la LRJSP, tiene claro antecedente en la homóloga disposición adicional primera de la previamente vigente Ley 30/1992, de 26 de noviembre, de Régimen Jurídico de las Administraciones Públicas y del Procedimiento Administrativo Común, de acuerdo con la que, las estipulaciones del capítulo II del título II no serán de aplicación al pleno y en su caso, a la comisión de gobierno de las Entidades locales, a los órganos colegiados del gobierno de la Nación y a los órganos de gobierno de las Comunidades Autónomas[47].

---

[47] JIMÉNEZ VACAS, J. J. (2021: 2).

Por ello, a pesar de la cierta distinta redacción, el objetivo resultará el mismo: hacer diferencia del régimen de los órganos colegiados «ordinarios» o administrativos, del aplicable a los órganos colegiados políticos o de gobierno[48].

Como reconoce, en efecto —en España— la exposición de motivos de la Ley 50/1997, de 27 de noviembre, del Gobierno (en adelante, LG), además del principio departamental, el funcionamiento jurídico del gobierno queda presidido por los de colegialidad y, más concretamente, por el principio de «dirección presidencial», que deduce que los órganos colegiados de gobierno difieren en el proceso de toma de decisiones.

Así, en dicho sentido, cuando trata sobre la distinción entre colegialidad perfecta e «imperfecta», Eloísa Carbonell Porras[49] señala que el funcionamiento de los consejos de gobierno de las Comuni-

---

[48] En este mismo sentido, CAMPOS ACUÑA, M.ª C. (2017), *Comentarios a la Ley 40/2015 de Régimen Jurídico del Sector Público*. Ed. Wolters Kluwer, La Ley, p. 706.

[49] Vid. CARBONELL PORRAS, E. (1999), *Los órganos colegiados: organización, funcionamiento, procedimiento y régimen jurídico de sus actos*. Centro de Estudios Políticos y Constitucionales. Ed. BOE., pp. 35-36.

dades Autónomas responde, con un carácter general, a reglas similares.

No obstante, quepa reconocer que ciertas leyes autonómicas incorporan previsiones que parecen aproximarlos a los órganos colegiados «comunes», administrativos o burocráticos, también en el proceso de adopción de decisiones: regulan, así, ciertas votaciones, prevén un voto de calidad de su presidente e, incluso, admiten que los miembros «disidentes» manifiesten opinión en contra de un acuerdo alcanzado.

La Ley 1/1983, de 13 de diciembre, de Gobierno y Administración de la Comunidad de Madrid, por ejemplo, permite (*ex* su artículo 25.3) que, a petición de cualquiera de los miembros del Consejo de Gobierno, consten en acta las manifestaciones que estimen oportunas.

En atención al grado de participación de los miembros de gobierno en la formación de la voluntad política, la doctrina diferencia —por tanto— la colegialidad «imperfecta» de la «perfecta».

Siguiendo, de nuevo, a Carbonell Porras, en los órganos perfectos o «comunes», rige el principio mayoritario y todos sus miembros contribuyen a la voluntad colegiada mediante correspondiente votación. *Ex* artículo 17.5 de la LRJSP, los acuerdos serán adoptados por mayoría de votos, en efecto.

En los imperfectos, también llamados «deliberantes», o colegiados monocráticos, no se produce, así, sin embargo, una votación para determinar la voluntad mayoritaria pues, aunque se delibere y discuta, sólo decide uno de sus miembros (el presidente).

En este caso, se cuestiona si son realmente órganos colegiados, duda que afecta —fundamentalmente— a los órganos de gobierno político, cuestión importante y, por consecuencia, objeto del análisis en esta obra.

La dominación presidencial sobre el órgano colegiado de gobierno, que dirige, en efecto, constituye consecuencia de la configuración institucional del poder ejecutivo que consagran tanto la CE (1978), como los vigentes Estatutos de Autonomía, dado que las funciones atribuidas al Consejo de Ministros o a los Consejos de Gobierno de las autonomías, deben enmarcarse en las facultades de dirección y coordinación que corresponden al presidente, sin que, en ningún caso, pueda entenderse que los ministros o los consejeros autonómicos son meros agentes —ejecutivos— de las decisiones presidenciales sino más bien auténticos responsables de los cometidos que específicamente les correspondan[50].

---

[50] VALERO TORRIJOS, J. (2002: 639).

Esta primacía constituye, en definitiva, claro reflejo de la confianza política que ha recibido, personalmente, el presidente del Gobierno, de la sede parlamentaria; de manera que los integrantes del respectivo consejo no sólo deben someterse a las directrices que, individualmente, puedan recibir de aquel, sino que, y sobre todo, en su nombramiento y cese, dependen exclusivamente de la voluntad presidencial, circunstancia que puede resultar determinante de una actitud sumisa a los criterios de quien dirige la acción del gobierno[51].

En la opinión de Severiano Fernández Ramos, este principio característico de los órganos gubernamentales se justifica tanto por la dependencia presidencial de los miembros, cuanto por la necesidad precisa de garantizar la unidad y «cohesión» en el ejercicio de la función de dirección política[52].

Una solución idéntica debería aplicar, añade Julián Valero Torrijos (*op. cit.* 2002: 639) en relación con cierto tipo de órganos de coordinación interna en el seno de una misma Administración pública que, con base en sus funciones, esencialmente polí-

---

[51] JIMÉNEZ VACAS, J. J. (2021, 2).
[52] FERNÁNDEZ RAMOS, S. (1997), *El derecho de acceso a los documentos administrativos,* Marcial Pons, Madrid, p. 602.

ticas, y a la posición prevalente que ocupa uno de sus miembros sobre el resto, no pueden entenderse sometidos al régimen general establecido por la LRJSP para la formación colegiada de su voluntad, afirmación que resulta reforzada, si se me permite, en todos aquellos supuestos en que el nombramiento y remoción de los miembros del órgano constituya una competencia exclusiva de su presidente[53].

Uno de los casos más expresivos de esta categoría, continúa el citado autor, viene ejemplificado por la Comisión territorial de asistencia al delegado del gobierno en las Comunidades Autónomas (art. 79 de la LRJSP), órgano que en ningún caso puede conceptuarse de gubernativo pero que, sin embargo, debe entenderse excluido de la normativa básica sobre los órganos colegiados administrativos en la medida que le corresponde, fundamentalmente, una clara labor de asistencia inmediata a una instancia esencialmente política como es el delegado del gobierno, quien, además, puede condicionar, decisivamente, opiniones de los subdelegados de gobierno presentes en la Comisión al depender, en su nombramiento y cese, de la exclusiva voluntad de aquel.

---

[53] JIMÉNEZ VACAS, J. J. (2021, 2).

Así, la naturaleza de esta Comisión viene determinada, en gran medida, por las funciones de rango político que tiene encomendadas el delegado del Gobierno quien, por otro lado, dispone reconocida a su favor la libre designación de los subdelegados de las provincias integradas en su ámbito territorial con el único límite de su condición funcionarial superior[54].

Una interpretación —literal— de la disposición adicional vigesimoprimera impediría, en puridad, extender la exclusión del régimen general con relación a cualquier otro órgano de apoyo a la estructura de gobierno que no pueda considerarse estrictamente incluido en ella, situación en que se encontraría, por ejemplo, la Comisión general de secretarios de Estado y subsecretarios en España, u órgano autonómico asimilado. Sin embargo, el funcionamiento interno de esta Comisión no puede resultar equiparado al de un simple órgano colegiado administrativo, no sólo porque realiza, conforme añade J. Valero Torrijos, una función preparatoria y/o de asistencia al Consejo de Ministros sino, y ante todo, en la medida de que no existen votaciones al término de las discusiones que tienen lugar en su seno, de manera que cuando su

---

[54] VALERO TORRIJOS, J. (2002: 413, n. 40).

presidente «considera que un asunto está suficiente-
mente debatido, resume el contenido de la discusión
en el sentido de constatar la existencia, o no, de una-
nimidad o sensible mayoría, en favor de la aprobación de la propuesta[55]».

Singularidad que justifica que deba extenderse la
exclusión del régimen jurídico general a la precitada
Comisión General de Secretarios de Estado y Subsecretarios, así como a los órganos autonómicos equivalentes (en la Comunidad de Madrid, la Comisión
General de Viceconsejeros y Secretarios Generales
Técnicos, por ejemplo)[56].

Monocratismo y colegialidad han constituido,
en definitiva, e históricamente, diseños estructurales
básicos de las organizaciones públicas; si bien adquieren una nueva e interesante perspectiva en un
espacio político moderno y constitucional como lo
es el actual.

---

[55] VALERO TORRIJOS, J. (2002: 412-413).

[56] En el mismo sentido VALERO TORRIJOS, J. (2002:
413) y J. A. SANTAMARÍA PASTOR, *Fundamentos de Derecho
Administrativo,* vol. I, Centro de Estudios Ramón Areces, Madrid
(1988), p. 1022.

§ 18.
DE LA NATURALEZA POLÍTICA DEL GOBIERNO

En opinión de F. Delgado Piqueras[57] resulta patente que: «La naturaleza política del gobierno y la propia función de gobernar, exigen un modo de actuación ágil, continuo y preferentemente informal, sin perjuicio de que suela dotarse de algunas reglas internas de funcionamiento no juridificadas».

La Ley de Gobierno española, establece algunas reglas respecto del funcionamiento del Consejo de Ministros y de las Comisiones Delegadas del Gobierno.

Corresponde al presidente convocar, presidir y fijar el orden del día de las sesiones del Consejo de Ministros, *ex* artículos 2.a) y 18.1 y .3 de la LG. El secretariado de gobierno (o del Consejo), integrado en el ministerio con competencia en materia de la presidencia, es el órgano de apoyo que asume la asistencia al llamado ministro-secretario, la remisión de las citaciones de convocatoria a los miembros y el archivo y custodia de las convocatorias, órdenes del día y actas de

---

[57] DELGADO PIQUERAS, F. (1995), «Algunas aportaciones de la ley de Régimen Jurídico de las Administraciones Públicas y del Procedimiento Administrativo Común», *Revista Española de Derecho Administrativo,* RAP, núm. 85, p. 43.

las reuniones (artículo 9°); en definitiva, del expediente de cada sesión del órgano de gobierno político.

Sin embargo, no existe previsión general alguna sobre la formación de la voluntad colegiada, pues —como se ha pretendido deducir— el Consejo de ministros «delibera» y/o discute, pero las decisiones se adoptan, siempre y sólo, *in fine,* por el presidente, y no mediante votación, aunque parte de la doctrina haya cuestionado, en alguna ocasión, dicho extremo, de inercia *«presidencialista»,* máxime las votaciones exigidas por la diferente legislación (autonómica) para los acuerdos adoptados por los respectivos Consejos de Gobierno, las que tienen, entiendo, no obstante, una virtualidad puramente interna, que se justifica por la necesidad de organizar mínimamente su funcionamiento y determinar cuál es la opinión mayoritaria entre sus componentes, alcanzando sentido cuando el presidente encuentre debilitada su primacía institucional, al tratarse, por ejemplo, de un gobierno de coalición política —no tan ajeno a nuestros días— o sustentado por una partido único con diversas corrientes internas representadas en el órgano político[58].

---

[58] Vid. a SANTAMARÍA PASTOR, J. A. (1988: 1016 -1017), que señala que ante estas situaciones, el órgano gubernamental debería adoptar criterios flexibles basados en la confianza sin llegar, por ello, a «administrativizarse».

En tales casos, y al no disponer del mismo margen para solventar divergencias sustanciales cesando a los miembros disidentes, las votaciones formales para establecer el criterio político común del Gobierno alcanzarán la mayor relevancia, como instrumento para solucionar las discrepancias políticas internas[59].

Por su parte, Juan Alfonso Santamaría Pastor[60] nos recuerda el modelo alemán, en el que, conforme el principio de gabinete o colegial: «las decisiones que trascienden la competencia, el interés o la responsabilidad de un departamento, deberían ser adoptadas colectivamente y con arreglo a la técnica de las mayorías, en el seno del Gobierno». José Antonio García-Trevijano Fos[61], considera, así, que las materias eminentemente jurídicas, no políticas, como la resolución de conflictos de atribuciones o de recursos de súplica, deberían someterse siempre a la pertinente votación.

En cualquier caso, debe tenerse en cuenta —y conviene repetirlo— que, incluso en la hipótesis de que en alguna ocasión se vote y cada miembro del Consejo de Gobierno manifieste su opinión indivi-

---

[59] VALERO TORRIJOS, J. (2002: 641).

[60] SANTAMARÍA PASTOR, J.A. (1988: 1017).

[61] GARCÍA-TREVIJANO FOS, J. A. (1973), *Tratado de Derecho Administrativo,* Ed. Revista de Derecho privado, Madrid.

dual, el resultado será jurídicamente irrelevante, pues el presidente podrá decidir lo contrario de lo defendido por la mayoría por virtud del citado principio de dirección presidencial. En todo lugar, sin embargo, los miembros quedarán, asimismo, plenamente vinculados por los acuerdos del Consejo, sin que puedan reflejar en acta su opinión en contra o exteriorizar su discrepancia de forma distinta a la de la dimisión[62]; con carácter general, repito.

En contra del criterio precedente, R. Parada Vázquez sostiene que los miembros del Gobierno sí podrían votar en contra y salvar, así, su responsabilidad jurídica, aunque: «a seguidas, el presidente destituya —o pueda destituir— si le place, a los disidentes»[63]. Corresponde al Rey de España, nos recuerda el artículo 62 de la CE, nombrar y separar a los miembros del Gobierno, siempre a la propuesta de su presidente. El resultado de la votación y la posible discrepancia quedarían, quepa por todas concluir, en cualquier caso, en el plano interno o, en su caso, y si se prefiere, en el plano político, pero tal y como se encuentra regulado no excluiría de la concreta responsabilidad.

---

[62] Vid. la cita en CARBONELL PORRAS, E. (1999: 37).

[63] PARADA VÁZQUEZ, R. (1996), *Derecho Administrativo. II Organización y empleo público*, Marcial Pons, Madrid, pp. 88-89.

Estas peculiaridades explican que la doctrina se cuestione la naturaleza «colegiada», propiamente, de los órganos de Gobierno y se subraye que rija una combinación de los principios colegial y «monocrático», a aquellos. A propósito del Consejo de Ministros, Luis María Díez Picazo[64] ya señalaba que la «colegialidad», como criterio de organización, no puede ser «toscamente identificada con la mera pluri personalidad, pues exige más: que los miembros se hallen en una posición tendencialmente paritaria que les permita satisfacer el objetivo perseguido al implantar una estructura colegial, es decir, que la voluntad del órgano no tenga un origen monocrático, sino que se forme a partir de la deliberación y de la opinión mayoritaria».

Otros autores señalan que «deliberar», es igual a discutir un asunto en una junta o asamblea[65]. Pero, entiendo, sin mayor matiz arrogado, que meramente aquél que se cita[66].

---

[64] DÍEZ PICAZO, L. M. (1988), *La estructura del Gobierno en el Derecho español*. DA., Núm. 215, p. 60.

[65] GUAITA, A. (1967), *El Consejo de ministros,* pp. 61-62. También, MORELL OCAÑA, L., *Derecho de la organización administrativa,* (1988) p. 77 y GARCÍA-TREVIJANO FOS, J. A., *Tratado de Derecho Administrativo.* Madrid (1967) pp. 533-534.

[66] JIMÉNEZ VACAS, J. J. (2021: 2).

Los matices, en efecto, a la naturaleza colegiada de los órganos de Gobierno, tienen en cuenta el proceso para la formación de la voluntad y la irrelevancia externa de las discrepancias posibles, que es consecuencia de la doble naturaleza —jurídica y político administrativa— que los caracteriza.

Como resulta sabido, los órganos de gobierno participan de una doble naturaleza —de órgano político, constitucional o estatutario, y órgano administrativo, o cabeza de departamento ministerial— que también se proyecta sobre sus funciones, políticas y administrativas. Pero, desde el concepto inicialmente sostenido, los órganos de Gobierno de España y de las Comunidades Autónomas resultan ser colegiados, porque su titularidad corresponde a una pluralidad de sujetos («pluri subjetividad»), y la decisión se imputa al órgano político, en su conjunto, y no sólo a su presidente.

Como todos los órganos colegiados, responden, por lo tanto, a principios generales propios y comunes a cualquier «*collegium*» *(convocatoria* y citación de los miembros, actos orales, documentación por escrito, etc.), aunque resultan atípicos[67] por cuanto respecta a

---

[67] CARBONELL PORRAS, E. (1999: 38).

la naturaleza y elementos de la formación, eminentemente políticos, de su voluntad.

Se acepta, de tal manera, que el concepto de órgano colegiado quede delimitado por la contraposición con el unipersonal, aunque los colegiados de gobierno no se rijan, tal y como se ha expuesto, por lo dispuesto con carácter general para lo demás de rango puramente administrativo, ordinario o burocrático.

§ 19.
DEL DESPACHO ORDINARIO
DE LOS ASUNTOS PÚBLICOS

Un aspecto importante de la naturaleza política y dirección presidencial del Gobierno lo comporta la secuencia de su propio cese. En efecto, así, el artículo 101 de la CE dispone que «El gobierno cesa tras la celebración de elecciones generales, en los casos de pérdida de la confianza parlamentaria previstos en la Constitución, o por dimisión o fallecimiento de su presidente. El gobierno cesante continuará en funciones hasta la toma de posesión del nuevo gobierno».

Del mencionado precepto cabe colegir, como primera conclusión, que el gobierno cesante debe de seguir gobernando hasta que sea sustituido, efectivamente, por el nuevo entrante.

La CE es, a dicho efecto, tajante al ordenar al gobierno que continúe ejerciendo sus funciones tras su cese y no excluye expresamente ninguna de entre las que quiere que sigan siendo ejercidas. No obstante, el hecho de que no se establezcan constitucionalmente límites explícitos a la actuación del gobierno «en funciones» no quiere decir que estos no existan, pues la propia naturaleza de esta figura, cesante y transitoria conlleva su falta de «aptitud» para ejercer la plenitud de atribuciones gubernamentales, especialmente las de eminente signo político.

El silencio del artículo 101 del texto fundamental sobre las eventuales restricciones del cometido del gobierno en funciones debe ser colmado con la regulación contenida en el artículo 21 de la Ley 50/1997, de 27 de noviembre, del Gobierno (LG), que resulta del siguiente tenor literal[68]:

---

[68] Análogo es, así, por ejemplo, el artículo 20 de la Ley 1/1983, de 13 de diciembre, del Gobierno y Administración de la Comunidad de Madrid, que dispone que, de conformidad con el artículo 23 del Estatuto de Autonomía, el Consejo de Gobierno cesa tras la celebración de elecciones a la asamblea, en los casos de pérdida de la cuestión de confianza, aprobación de moción de censura, dimisión, incapacidad permanente o fallecimiento del presidente. El Consejo de Gobierno cesante continuará en funciones hasta la toma de posesión del nuevo

«1. El Gobierno cesa tras la celebración de elecciones generales, en los casos de pérdida de confianza parlamentaria previstos en la Constitución, o por dimisión o fallecimiento de su presidente.

2. El Gobierno cesante continúa en funciones hasta la toma de posesión del nuevo Gobierno, con las limitaciones establecidas en esta Ley.

3. El Gobierno en funciones facilitará el normal desarrollo del proceso de formación del nuevo Gobierno y el traspaso de poderes al mismo y limitará su gestión al despacho ordinario de los asuntos públicos, absteniéndose de adoptar, salvo casos de urgencia debidamente acreditados o por razones de interés general cuya acreditación expresa así lo justifique, cualesquiera otras medidas.

4. El presidente del Gobierno en funciones no podrá ejercer las siguientes facultades:

a) Proponer al Rey la disolución de alguna de las Cámaras, o de las Cortes Generales.

b) Plantear la cuestión de confianza.

c) Proponer al Rey la convocatoria de un referéndum consultivo.

Consejo de Gobierno. Añade, por su parte, el artículo 17 de la norma, en su último inciso, que «el presidente en funciones no podrá ser sometido a moción de censura, ni podrá plantear la cuestión de confianza».

5. El Gobierno en funciones no podrá ejercer las siguientes facultades:

a) Aprobar el Proyecto de Ley de Presupuestos Generales del Estado.

b) Presentar proyectos de ley al Congreso de los Diputados o, en su caso, al Senado.

6. Las delegaciones legislativas otorgadas por las Cortes Generales quedarán en suspenso durante todo el tiempo que el Gobierno esté en funciones como consecuencia de la celebración de elecciones generales».

El artículo 21 establece un principio general de actuación del Gobierno en funciones, limitando su gestión «al despacho ordinario de los asuntos públicos», debiéndose abstener de adoptar cualesquiera otras medidas, «salvo casos de urgencia debidamente acreditados o por razones de interés general cuya acreditación expresa así lo justifique».

Este principio general se completa con la mención de determinadas facultades que están expresamente prohibidas para el Gobierno en funciones, cuales resultan ser la aprobación del proyecto de Ley de Presupuestos Generales del Estado, la presentación de proyectos de ley al Congreso de los Diputados o, en su caso, al Senado, y otras que están vedadas al presidente en funciones, como proponer al Rey la disolución de alguna de las cámaras o de las Cortes Generales, plantear la cuestión de confianza o proponer al Rey la convocatoria de un referéndum consultivo.

Conforme a lo expresado, el principio general que debe presidir la actuación del Gobierno en funciones es que este ha de limitar su gestión «al despacho ordinario de los asuntos públicos».

Este concepto ha sido objeto de interpretación por el Tribunal Supremo (en adelante TS) en diversas sentencias que muestran una evolución jurisprudencial en la materia.

En un primer momento, la sentencia de 20 de septiembre de 2005, que estimó un recurso contencioso-administrativo contra un acuerdo del Consejo de ministros que resolvió conceder una extradición, afirmó que, por despacho ordinario de asuntos, debía entenderse: «la gestión administrativa ordinaria ausente de valoraciones y decisiones en las que entren criterios políticos». La Sentencia llega a la estimación, y consiguiente anulación de ese acuerdo, por dos caminos que conducen a la misma conclusión.

Se basa para ello en el artículo 6.2 de la Ley 4/1985, de 21 de marzo, de extradición pasiva, conforme al cual, cuando la extradición ha sido declarada judicialmente procedente, ese pronunciamiento «no será vinculante para el Gobierno que podrá denegarla en el ejercicio de la soberanía nacional, atendiendo al principio de reciprocidad o a razones de seguridad, orden público o demás intereses esenciales de España». Observa la sentencia que, en ese caso, el Gobierno debe hacer un juicio de valor para apreciar si concurre o no alguna de estas circunstancias.

Por ello concluye que el Gobierno en funciones, al pronunciarse sobre la procedencia de la extradición pasiva, «ejercita siempre una facultad de valoración de los intereses nacionales que conlleva un juicio político que excede de la gestión ordinaria de los asuntos públicos y priva al futuro gobierno de una decisión política que, en el ejercicio de la soberanía nacional le corresponde en orden a conceder o denegar la extradición pasiva».

En segundo término, considera que cuando el artículo 21.3 de la Ley del Gobierno declara que el gobierno en funciones «limitará su gestión al despacho ordinario de los asuntos, absteniéndose de adoptar, salvo casos de urgencia debidamente acreditados o por razones de interés general cuya acreditación expresa así lo justifique, cualesquiera otras medidas» se está refiriendo a una «gestión administrativa ordinaria ausente de valoraciones y decisiones en las que entren criterios políticos salvo que se motive debidamente la urgencia o las razones de interés general que justifiquen la adopción de medidas de otra naturaleza».

Como señala Manuel Francisco Clavero Arévalo, convenga indicar, en este sentido, que la «urgencia» hace en todo caso referencia a la insuficiencia, «por razón de tiempo», para alcanzar un determinado fin por los cauces normales del Derecho[69]. Distinguiendo, así, lo que Manuel Hernández-Tejero García precisa; relativo a que, muchas veces, en los «asuntos públicos» no hay urgencia, sino más bien gente con prisa.

Este mismo criterio se mantuvo en la sentencia de 20 de septiembre de 2005, que interpretó los artículos 101.2 de la Constitución y 21 de la Ley del Gobierno, declarando que por gestión del despacho ordinario de los asuntos públicos ha de entenderse la gestión administrativa ordinaria ausente de valoraciones y decisiones en las que entren criterios políticos salvo que se motive debidamente la urgencia o las razones de interés general que justifiquen la adopción de medidas de otra naturaleza. Y, como no mediaba urgencia ni se apreciaban razones de interés general en el acuerdo impugnado concluyó que el gobierno se extralimitó al resolver sobre la extradición pasiva.

---

[69] Vid. *Ensayo de una teoría de la urgencia en el Derecho Administrativo* (RAP, 1953), recogido después en la op., *Estudios de Derecho Administrativo,* Madrid (1992) pp. 107-109. También, *vid.* ÁLVAREZ GARCÍA, V., en *El concepto de necesidad en Derecho Público,* Madrid (1996), en particular pp. 440-442.

Con posterioridad y sin perjuicio de pronuncia-
mientos más recientes, es la sentencia de 2 de diciembre de 2005 la que «modula» la doctrina anterior, para
mantener un concepto más amplio de la gestión ordinaria de asuntos públicos, de forma que lo esencial no
es la presencia de una motivación o juicio políticos, lo
que excede a la gestión ordinaria de los asuntos públicos a la que se refiere ese precepto, sino la adopción de
decisiones que, por su contenido en las circunstancias
concretas en las que se toman impliquen una nueva
orientación política o condicionen, comprometan o
impidan la que deba adoptar el nuevo Gobierno[70].

Por su interés, cabe reproducir parcialmente el
contenido de su fundamentación:

«SEXTO. - La respuesta a la primera cuestión exige tener presente lo que nos dice la Constitución del
Gobierno en funciones pues solamente a partir de las
normas y principios constitucionales sobre la materia

---

[70] Vid., al respecto, el comentario a la sentencia de 2 de
diciembre de 2005, del pleno de la sala 3ª de lo contencioso-administrativo del TS (recurso ordinario 161/2004) por GONZÁ-
LEZ NAVARRO, F. en "Gobierno en funciones y despacho
ordinario de los asuntos públicos. Del paradigma de la prorrogación de funciones al de la conversión orgánica". *Revista Jurídica de Navarra*, 40 (2005).

cabe interpretar los preceptos de la Ley 50/1997 [LG.] que se ocupan de ella. Pues bien, el texto fundamental aborda este particular extremo en el artículo 101. Por un lado, para precisar cuándo cesa el Gobierno y, por el otro, para imponer al cesante que continúe en funciones hasta la toma de posesión del siguiente.

Debemos empezar por esta última previsión porque nos sitúa ante una exigencia constitucional bien explícita: el gobierno cesante debe seguir gobernando hasta que sea sustituido efectivamente por el nuevo. La Constitución es tajante, ordena al gobierno que continúe ejerciendo sus funciones tras su cese y no excluye expresamente ninguna de entre las que quiere que sigan siendo ejercidas. Se comprende sin dificultad que España no puede quedarse sin gobierno ni siquiera unas horas. También que el hecho de que no se establezcan constitucionalmente límites explícitos a la actuación del gobierno en funciones no quiere decir que no existan, pues la propia naturaleza de esta figura, cesante y transitoria conlleva su falta de aptitud para ejercer la plenitud de las atribuciones gubernamentales. Sin embargo, el silencio del artículo 101 del texto fundamental sobre las eventuales restricciones del cometido del Gobierno en funciones después de haber impuesto su existencia e, incluso, el hecho de que no se remita a tal efecto a la Ley, a diferencia de lo que hace en otras hipótesis, nos han de advertir sobre el sumo cuidado con el que ha de afrontarse la tarea de definir qué es lo que no puede hacer.

De la regulación constitucional cabe extraer otros datos que debemos tener presentes a la hora de interpretar la ley, pues configuran el contexto en el que se encuentra el Gobierno en funciones. Tal es el caso de su duración en el tiempo. Son varios los supuestos que determinan el cese del gobierno según el artículo 101.1 de la Constitución: la celebración de elecciones generales, la pérdida de la confianza parlamentaria en los casos previstos por la Constitución, la dimisión y el fallecimiento de su presidente. El interregno que se abre como consecuencia de la verificación de estas circunstancias solamente será breve, en principio, cuando prospere una moción de censura porque su aprobación, al mismo tiempo que supone la retirada de la confianza a un presidente de Gobierno, comporta la investidura del que figuraba como candidato alternativo en ella, de manera que en pocos días puede producirse la toma de posesión del nuevo Gobierno.

En cambio, en las demás hipótesis, la interinidad que producen puede extenderse a lo largo de varias semanas e, incluso, de varios meses si procediera la disolución de las Cortes Generales prevista en el artículo 99.5 de la Constitución. Esta posibilidad no se ha dado hasta ahora, pero la experiencia autonómica, a partir de normas, en general, muy parecidas a las del artículo 99, ofrece ejemplos en los que se ha prolongado considerablemente un consejo ejecutivo en funciones.

En consecuencia, el Gobierno puede permanecer en funciones un período de tiempo significativo.

SÉPTIMO. - Resulta, igualmente, de la distinta naturaleza de las causas de cese del Gobierno que su condición de «en funciones» no tiene que ir acompañada, necesariamente, de la inexistencia de control parlamentario, ni de un cambio de mayoría política en el Congreso de los Diputados. En cuanto, a lo primero, y con independencia de que las diputaciones permanentes de las cámaras velan por sus poderes también cuando han sido disueltas y hasta que se constituyan las surgidas de las elecciones (artículo 78 de la Constitución), es lo cierto que, si el cese del Gobierno se ha producido por causa diferente de la celebración de las elecciones generales, permanecen en el goce de sus atribuciones constitucionales el Congreso de los Diputados y el Senado. Por lo que hace a lo segundo, del sufragio de los españoles puede surgir una nueva mayoría, distinta de la que sostenía al Gobierno cesante, como ocurrió en el caso que tenemos ante nosotros, pero también puede verse confirmada la anterior.

Obvio es decir que, cualquiera que sea la circunstancia que conlleve el cese del Gobierno y su entrada en funciones, permanece en toda su extensión e intensidad el control judicial de su actuación.

OCTAVO. - La Constitución, ciertamente, no establece de modo expreso límites o restricciones a la actuación del Gobierno en funciones. No obstante, nos facilita el criterio para distinguir cuáles son los confines dentro de los que debe moverse, fuera de los casos en que la urgencia determine la necesidad de su intervención, pues la habilitación para resolver sobre estos últimos va implícita en la propia imposición de su existencia. El criterio al que nos referimos es el que resulta de la función constitucional del Gobierno. De la que ha de desempeñar el que está en plenitud de sus facultades tras haber completado el proceso de su formación. Esa función no es otra que la dirección de la política interior y exterior y, en estrecha relación con ella, la defensa del Estado. Esos son los cometidos con los que el artículo 97 de la Constitución singulariza la función gubernamental y para cuya realización atribuye al órgano Gobierno la dirección de la Administración civil y militar y le encomienda la función ejecutiva y la potestad reglamentaria.

La dirección de la política general, que es la misión principal del Gobierno, trae causa del programa que el candidato a su presidencia defendió ante el Congreso de los Diputados y mereció el apoyo de su mayoría (artículo 99 de la Constitución). Programa que, a su vez, procede del que las fuerzas políticas que otorgaron su confianza al candidato a la presidencia presentaron ante los ciudadanos y logró el apoyo de sus votos. Naturalmente, ese marco político de actuación no queda definitivamente fijado en ese momento y puede suceder que, por distintas razones, el gobierno llegue a apartarse en diversa medida de la línea aprobada en el momento de la investidura. El sistema parlamentario permite una actualización permanente de la relación de confianza a través de su normal desenvolvimiento o con el recurso a algunas instituciones previstas en la Constitución como el referéndum consultivo (artículo 92) o la cuestión de confianza (artículo 112). En cualquier caso, mientras persista la relación de confianza entre el Congreso de los Diputados y, a través de su presidente, el Gobierno, a este corresponde la dirección política de España.

Así, gobernar para la Constitución, es dirigir el país a partir de las orientaciones definidas por el presidente del Gobierno (artículo 98.2 de la Constitución) con el apoyo de la mayoría parlamentaria formada democráticamente por los españoles.

Pues bien, si esto es lo que debe hacer el Gobierno que se forma, es, al mismo tiempo, lo que no puede hacer el Gobierno en funciones porque el cese ha interrumpido la relación de confianza que le habilita para ejercer tal dirección y le ha convertido en un órgano cuya composición debe variar necesariamente en el curso de un proceso constitucionalmente regulado, de una duración necesariamente limitada en el tiempo, del que surgirá una nueva relación de confianza y un nuevo Gobierno.

Así, pues, el gobierno en funciones ha de continuar ejerciendo sus tareas sin introducir nuevas directrices políticas ni, desde luego, condicionar, comprometer o impedir las que deba trazar el que lo sustituya. El cese priva a este gobierno de la capacidad de dirección de la política interior y exterior a través de cualquiera de los actos válidos a ese fin, de manera que será preciso examinar, caso por caso, cuando surja controversia al respecto, si el discutido tiene o no esa idoneidad en función de la decisión de que se trate, de sus consecuencias y de las circunstancias en que se deba tomar.

NOVENO. - Con estos pertrechos interpretativos que encontramos en la Constitución hemos de examinar la Ley del Gobierno y asignar a la expresión despacho ordinario de los asuntos públicos de su artículo 21.3 un significado preciso en este caso, porque se trata de un concepto indeterminado necesitado de concreción. De cuanto acabamos de decir en el fundamento anterior se deduce que ese despacho no es el que no comporta valoraciones políticas o no implica ejercicio de la discrecionalidad.

Tampoco el que versa sobre decisiones no legislativas, sino el que no se traduce en actos de orientación política.

De este modo entendida, o sea interpretada conforme a la Constitución, se despejan las dudas que pudiera ofrecer la conformidad con el texto constitucional de las normas legales que sujetan a límites la actuación del Gobierno en funciones cuando aquél no ha dispuesto expresamente ninguno. Por lo demás, situados en esta perspectiva, es posible apreciar que el mismo legislador asume esa interpretación porque en el apartado quinto del artículo 21 se preocupa por prohibir al Gobierno en funciones aprobar el proyecto de Ley de Presupuestos Generales del Estado (a) y presentar proyectos de Ley al Congreso de los Diputados o, en su caso, al Senado (b).

Es decir, la ley prohíbe al Gobierno en funciones utilizar los principales instrumentos de orientación política, pues los Presupuestos Generales del Estado no son sino la traducción en términos de ingresos y gastos de la dirección política que el gobierno quiere llevar a la práctica en el ejercicio de que se trate. Y las Leyes que, según el preámbulo de la Constitución, son la expresión de la voluntad popular y proceden casi exclusivamente de la iniciativa gubernamental, introducen en el ordenamiento jurídico las normas que responden a las orientaciones que prevalecen en el electorado y, por tanto, en las Cortes Generales. Por eso, son uno de los cauces típicos de expresión de la orientación política decidida por el Gobierno y asumida por las Cortes Generales.

A parecidos resultados conduce, por lo demás, el apartado sexto de este artículo 21 de la Ley 50/1997, que deja en suspenso las delegaciones legislativas mientras el Gobierno esté en funciones por haberse celebrado elecciones generales. Además, este apartado es relevante porque introduce en la regulación legal una diferencia de régimen jurídico en atención a la causa determinante de la entrada en funciones del gobierno. Circunstancia esta que refuerza las consideraciones antes realizadas sobre la necesidad de examinar caso por caso y asunto por asunto los que han de considerarse incluidos en el despacho ordinario y los que, por quedar fuera de él, no pueden ser abordados por el gobierno en funciones de no existir urgencia o demandarlo el interés general contemplado en el artículo 21.3 de este texto legal.

La aprobación del proyecto de Presupuestos Generales del Estado, el ejercicio de la iniciativa legislativa y la emanación de los decretos legislativos no son los únicos actos de orientación política prohibidos al gobierno en funciones. La misma Ley 50/1997, en el apartado cuarto de su artículo 21, veda al presidente en funciones proponer al Rey la disolución de una o de ambas cámaras de las Cortes Generales, presentar la cuestión de confianza o proponer al Rey la convocatoria de un referéndum consultivo, todos ellos actos de clara orientación política. Esto significa que la línea divisoria entre lo que el gobierno en funciones puede y no puede hacer no pasa por la distinción entre actos legislativos y no legislativos, sino por la que hemos señalado entre actos que no conllevan dirección política y los que la expresan.

Por tanto, la misma Ley 50/1997 responde a los criterios que, a juicio del pleno de la sala, presiden la concepción constitucional del gobierno en funciones. Criterios que, por lo demás, se confirman viendo las cosas desde otra perspectiva. En efecto, asumir la tesis del recurrente supondría situar al gobierno de España en una posición de precariedad tal que podría impedir o dificultar que ejerciera los cometidos que la Constitución le ordena realizar, pues en pocos actos gubernamentales están ausentes las motivaciones políticas o un margen de apreciación.

En definitiva, el despacho ordinario de los asuntos públicos comprende todos aquellos cuya resolución no implique el establecimiento de nuevas orientaciones políticas ni signifique condicionamiento, compromiso o impedimento para las que deba fijar el nuevo Gobierno. Y esa cualidad que excluye a un asunto del despacho ordinario ha de apreciarse, caso por caso, atendiendo a su naturaleza, a las consecuencias de la decisión a adoptar y al concreto contexto en que deba producirse.

La Sentencia de fecha 28 de mayo de 2013, del Tribunal Supremo, recogiendo los razonamientos de la anterior, consideró que la aprobación por el gobierno del Real Decreto 1744/2011, de 25 de noviembre, por el que se modifica el Real Decreto 641/2009, de 17 abril, por el que se regulan los procesos de control de dopaje y los laboratorios de análisis autorizados y por el que se establecen medidas complementarias de prevención del dopaje y de protección de la salud en el deporte se «enmarca o cae dentro del ámbito del concepto jurídico indeterminado definido con la expresión "despacho ordinario de los asuntos públicos", sin necesidad por lo tanto de que al decidirla concurriera una situación de "urgencia" o una razón de "interés general", pues no alcanzamos a percibir, ni tampoco lo expone la actora, qué "nuevas orientaciones políticas" son las que estableció aquél, *o qué «condicionamiento, compromiso o impedimento» para las que hubiera de fijar el nuevo* gobierno significó su aprobación».

Así a tal modo, de la doctrina jurisprudencial quepa extraer, por conclusión, que por «despacho ordinario» de los asuntos públicos que puede acometer un gobierno en funciones se comprenden todos aquellos despachos cuya resolución no implique un establecimiento de nuevas orientaciones políticas, ni signifique el condicionamiento, compromiso o impedimento para las que deba fijar el nuevo Gobierno.

Se tratará en todo caso de un concepto jurídico indeterminado que ha de apreciarse siempre —caso a caso— atendiendo a su naturaleza, a las consecuencias de la decisión a adoptar y al concreto contexto político en que deba aquella producirse[71].

Con cierta sorna, añadiría Victor Lapuente, en su obra: *El retorno de los chamanes* (2015), que muchos gerentes del sector público, hastiados de lidiar con las agrias e innecesarias controversias de los chamanes, dividirán, sin embargo, a quienes intervienen en política en tres grandes grupos: los que están a favor, los que están en contra y los que se lo han leído.

---

[71] JIMÉNEZ VACAS, J. J. (2021), «Breve comentario jurisprudencial sobre el "despacho ordinario" de asuntos públicos por un gobierno en funciones», *Gabilex: Revista del Gabinete Jurídico de Castilla-La Mancha*, n.º 27, pp. 15-35.

Cuarta parte:
Del elemento ético
de Buen Gobierno

«Me volví y vi debajo del sol, que ni es de los ligeros
la carrera, ni la guerra de los fuertes, ni aun de los
sabios el pan, ni de los prudentes la riqueza,
ni de los elocuentes el favor; sino que tiempo y ocasión
acontecen a todos.»

(Eclesiastés, 9:11)

§ 20.
Del elemento ético

La palabra «ética» tiene una dimensión conceptual extensa que refiere a aquellas conductas que son acordes y no contrarias a los principios, valores y pautas de conducta que son establecidas como referente y que, legal o moralmente, resultan de cumplimiento obligatorio.

La dimensión del concepto es extensa, porque una conducta o comportamiento que no merezca la consideración de ético puede hacer referencia tanto a aquellas acciones que están tipificadas por una norma legal como delictivas o «irregulares», por la concurrencia, o no, de aspectos dolosos o involuntarios del comportamiento, o no constituir una conducta reprobable desde la perspectiva jurídica, pero no ser deseables por ser objeto de un rechazo generalizado.

Es decir, se quiere entender la falta de «ética» como conjunto de comportamientos que, no estando prohibidos, tampoco están permitidos o no son deseables por perjudicar la imagen reputacional de una organización, ya sea privada o pública; si bien es lo cierto que, desde un plano teórico general, las definiciones de ética, integridad o «corrupción» no son algo en absoluto nuevo.

En la Grecia clásica, en efecto, ya se contraponía «ética» y «política», siendo Aristóteles quien, por primera vez, diseñó el discurso moral. Sin olvidar a Platón que perfiló, en su obra *Diálogos,* la base fundamental de lo que hoy conocemos con el nombre de «ética».

«Ética», así, procede de la palabra griega *ethos*, que significa costumbre o carácter, siendo una de las principales fuerzas que mueven al ser humano a obrar. «Moral», deriva del término latino *mores*, cuyo significado es, sin embargo y también, «costumbres», siendo la función de la moral orientar la conducta de los seres humanos de modo que su vida en común —su convivencia, en paz— resulte posible, evitando el daño a los demás y, también, hacia uno mismo.

El término «integridad», por otra parte, proviene del latín *ínteger* (entero) y es usado en diversas áreas del conocimiento con significados también diversos, si bien todos ellos vinculados a la idea de algo indemne (no dañado): algo que no ha perdido su «entereza».

La integridad se configura como uno de los pilares fundamentales de las estructuras políticas, económicas y sociales y, por lo tanto, esencial para el bienestar económico y social, así como para la prosperidad de los individuos y de las sociedades en su conjunto.

Se ha dicho que, de una forma sencilla, la integridad consiste en hacer lo correcto cuando nadie te está observando.

Actuar con «integridad» tiene que ver con entender, aceptar y escoger vivir conforme con principios éticos y morales, incluyendo la honestidad, la rectitud y la decencia.

En el ámbito de las instituciones, la integridad no es sólo una cuestión moral, sino que permite hacer las economías más productivas, los sectores públicos más eficientes, las sociedades y las políticas más inclusivas. Se trata, así, y, en definitiva, de restablecer la confianza: no sólo confiar en el gobierno, sino confiar en las instituciones públicas, los agentes reguladores, los bancos y las empresas.

En resumen, la integridad pública se refiere a la alineación consistente y la adhesión a valores, principios y normas éticas compartidas, para mantener y priorizar el interés público sobre los intereses privados en el sector público. Dichos valores o principios, así, sirven de guía para las conductas y decisiones que se tomen dentro del sistema por los actores de gobierno y, en ellos, se refleja la «cultura» de la organización, así como su identidad «colectiva» e individual. A su vez, resultarán referente sólido al que recurrir en tantos y tan delicados momentos de crisis.

§ 21.
DEL MARCO INTERNACIONAL

Con el transcurrir del siglo XX, la idea de que el Estado debía contribuir a conformar el carácter moral y cívico de sus ciudadanos fue cediendo ante el principio de que debía mantenerse neutral respecto de los valores de sus ciudadanos y respetar la capacidad de cada persona para elegir sus propios fines[72].

Los Objetivos de Desarrollo Sostenible (ODS), también conocidos como «Objetivos globales», fueron adoptados por las Naciones Unidas en 2015 como un llamamiento universal para poner fin a la pobreza, proteger el planeta y garantizar que, en 2030, todas las personas disfruten de paz y prosperidad.

El Objetivo n.º 16 consiste, particularmente, en «promover sociedades pacíficas e inclusivas para el desarrollo sostenible, facilitar el acceso a la justicia para todos y crear instituciones eficaces, responsables e inclusivas a todos los niveles», lo que se concreta —entre otras acciones— en promover el Estado de Derecho en los planos nacional e internacional y en garantizar la igualdad de acceso a la justicia para todos; reducir sustancialmente la corrupción y el soborno en todas sus

---

[72] SANDEL, M. J. (2023: 121).

formas, buscando abolirlos totalmente; crear instituciones eficaces, responsables y transparentes a todos
los niveles; garantizar la adopción de decisiones inclusivas, participativas y representativas que respondan a
las necesidades a todos los niveles y garantizar el acceso público a la información y proteger las libertades
fundamentales, de conformidad con las leyes nacionales y los acuerdos internacionales.

La agenda 2030, así, es sin duda una agenda amplia cuya capacidad de transformar la realidad depen-
de de que sea «concretada» a través de políticas públicas capaces de situar la justicia, la sostenibilidad y la
equidad en el centro de la toma de decisiones también por y desde los gobiernos.

La Estrategia de Desarrollo Sostenible 2030
constituye, así, la máxima expresión del compromiso
político y social, también en España, en la definición
como país de su contribución al desarrollo sostenible
del planeta en todas estas facetas.

Elaborada, en efecto, en el marco de un completo
sistema de gobernanza multinivel y con arreglo a un
proceso de creación conjunta entre las Administraciones públicas y la sociedad civil, la estrategia citada
define los «retos» de Estado para alcanzar los ODS, e
incluye las políticas «aceleradoras» y las prioridades
de actuación necesarias para cumplir la citada agenda
2030.

El «reto país 6.º», consiste en revertir la crisis de los servicios públicos mediante una política «aceleradora» orientada a construir unos servicios públicos para un Estado democrático del bienestar reforzado y resiliente. Así, entre objetivos de esta política aceleradora se encuentra el del impulso de las actuaciones en materia de gobierno abierto, dirigidas a reforzar la transparencia y la rendición de cuentas, mejorar la participación, o a establecer sistemas de integridad pública, entre otras, que serán articuladas a través de la combinación de esfuerzos por parte de los tres niveles de la Administración española (estatal, autonómica y local).

La recomendación del Consejo de la OCDE sobre integridad pública, aprobada en 2017, define por su parte integridad pública como: «El posicionamiento consistente y la adhesión a valores éticos comunes, así como al conjunto de principios y normas destinadas a proteger, mantener y priorizar el interés público sobre los intereses privados», también, en todos los niveles de gobierno.

La OCDE recomienda, así, a las instituciones públicas, que desarrollen un sistema coherente e integral en materia de integridad que, en efecto, y siguiendo un enfoque «estratégico», cuente con el máximo compromiso político y en el que se clarifiquen responsabilidades para garantizar la eficacia del sistema y una rendición de cuentas eficaz (*accountability*).

Recomienda, igualmente, que en el marco de este sistema se promueva una cultura de integridad y transparencia y que se invierta en un «liderazgo íntegro», basado en la meritocracia, fijándose normas de conducta estrictas para los responsables, para la dirección política y para los funcionarios públicos; al modo que venimos viendo en elementos de que componen las partes de esta obra.

Por último, propone la implantación de un marco o «sistema de integridad» que, con el fin de articular una «arquitectura ética», deberá incorporar, además de códigos éticos, otros instrumentos como los sistemas de difusión y formación en valores, los canales de consulta y asesoramiento sobre dilemas éticos o comunicación y alerta de conductas no éticas, órganos de garantía preferentemente de un carácter independiente y, finalmente, un sistema de evaluación y seguimiento del propio sistema[73].

Ser libres, así, consistirá también en participar en el gobierno de una comunidad política que controla su propio destino[74].

---

[73] Vid. JIMÉNEZ VACAS, J. J. y LARREA HERNÁNDEZ-TEJERO, C. (2022), "Códigos éticos y de conducta pública". *Gabilex: Revista del Gabinete Jurídico de Castilla-La Mancha* n.º 31, pp. 213-262.

[74] SANDEL, M. J. (2023: 122).

§ 22.
En América Latina

En aplicación de la recomendación del Consejo de la OCDE sobre integridad pública, aprobada en 2017, ante citada, la XVIII Conferencia Iberoamericana de ministras y ministros de Administración pública y reforma del Estado, reunida en Antigua (Guatemala) en el año 2018, aprobó la Carta Iberoamericana de Ética e Integridad en la Función Pública. La Carta tiene como objetivo promover la integridad de los responsables políticos y servidores públicos en todos sus niveles, entendiendo por tal una actuación continuamente coherente con los valores y principios relevantes de la ética del servicio público y, desde una perspectiva política, asegurando el respeto al contexto social, cultural, e histórico de cada una de las naciones firmantes, contribuir a la legitimación de la acción pública, es decir, aportar razones para la obediencia a los gobiernos y el refuerzo de la confianza en las instituciones públicas.

El fenómeno de la corrupción, en perspectiva general y contrapuesta a los conceptos de «ética», «moral» e «integridad», queda definido, comúnmente, como la vulneración del orden jurídico establecido y su utilización en beneficio propio, obedeciendo así, su presencia, a causas que, siguiendo a G. Peces-Barba

(1993)[75], pueden resultar de carácter general —una crisis de valores—; causas políticas o pérdida de fe en el Estado y en el poder político, ausencia de confianza en los valores legales y sociales que lo legitiman y, en fin, causas económicas como el espíritu de competencia desmesurado y de enriquecimiento sin límite, auspiciado por lo que el filósofo francés J. Maritain denominaba: «ilusión del éxito inmediato»[76]. A tales causas cabe añadir las de carácter social pues, como sugiere el también pensador galo A. Renaut (1998), el «culto al consumo» fomenta inevitablemente la llamada «atomización social»[77].

La corrupción comporta, en una depurada concepción, fenómenos de abuso del poder y la falta de probidad en la toma de decisiones, suponiendo grave peligro para un deseable Estado social y democrático, cohesionado y solidario. En buena medida, como ya se ha destacado, puede paliarse desde la educación personal y el reforzamiento de la reflexión en el ac-

---

[75] PECES-BARBA, G. (1993), *Ética pública y Derecho.*

[76] JIMÉNEZ VACAS, J. J. (2020), en el Capítulo 2.º *«Compliance»* como instrumento al servicio de la integridad y la Ética Pública, de *Guía práctica de* Compliance *en el Sector Público.* Ed. Wolters Kluwer, La Ley. Madrid. (Coord.) Campos Acuña, Mª. C., p. 63,

[77] RENAUT, A. (1998), *El futuro de la ética.*

tuar de los gobernantes y servidores públicos. Asimismo, también, mediante la correcta y firme acción de un orden jurídico sólido y justo, que actúe como eficaz inhibidor primero, y represor después, de aquella lacra.

No hay duda de que, por efecto inmediato, a una sociedad afectada por el fenómeno de las «conductas de corrupción», la acción del Derecho resulta cuanto menos incuestionable[78]. El fenómeno de la «corrupción» ha venido situándose, sin embargo, en tantos países, como un problema relevante, a pesar de que, frente al mismo, el Derecho positivo ya castigue conductas de corrupción tales como la malversación, el cohecho, el tráfico de influencias, el fraude, la estafa o las negociaciones y actividades prohibidas a gobernantes y servidores públicos por razón de su cargo o en el ejercicio de su función.

§ 23.

DEL MARCO EUROPEO

El Grupo de Estados contra la corrupción (GRECO), es un órgano del Consejo de Europa creado en

---

[78] JIMÉNEZ VACAS, J. J. (2023: 59).

1999 para mejorar la capacidad de los Estados miembros en la lucha contra la corrupción.

GRECO tiene como misión el fortalecimiento de la capacidad de sus miembros para luchar contra la corrupción a través del seguimiento del cumplimiento de los estándares en materia anticorrupción del Consejo de Europa. A través de las rondas de evaluación por pares, sus informes ayudan a identificar las áreas de mejora en materia de política anticorrupción, de modo que puedan promoverse las oportunas reformas legislativas, institucionales u operativas.

La quinta ronda de evaluación del GRECO trata de la prevención de la corrupción y de la promoción de la integridad en los gobiernos y en las fuerzas y cuerpos de seguridad de los Estados.

El informe de evaluación sobre España de la quinta ronda, que fue adoptado en la 83ª reunión plenaria del GRECO (21 de junio de 2019) y hecho público el día 13 de noviembre de 2019, contiene, entre otras, las siguientes recomendaciones de interés al objeto material de esta obra:

— Recomendación i. Reforzar el régimen actual aplicable a los asesores, sometiéndolos a requisitos de transparencia e integridad equivalentes a los aplicados a las personas con altas funciones ejecutivas.

— Recomendación ii. (i) Diseñar una estrategia de integridad para analizar y mitigar las áreas de riesgo de conflictos de intereses y de corrupción para el personal con altas funciones ejecutivas y (ii) conectar los resultados de dicha estrategia con un plan de acción para su aplicación.

— Recomendación iii. GRECO recomendó que (i) se adopte y se haga fácilmente accesible al público un código de conducta para el personal con altas funciones ejecutivas; y (ii) que se complemente con medidas prácticas para su aplicación, que incluyan directrices escritas, asesoramiento confidencial y formación específica.

Los informes sobre el Estado de Derecho de la Unión Europea (UE) presentan, por su parte, una síntesis de la situación del Estado de Derecho en la Unión y, en sus 27 capítulos (uno por cada país miembro), evaluaciones específicas de los cambios significativos en relación con el Estado de Derecho.

El primer informe se elaboró, en 2020, y abarca cuatro pilares: (i) el sistema judicial, (ii) el marco de lucha contra la corrupción, (iii) el pluralismo de los medios de comunicación y (iv) otras cuestiones institucionales relacionadas con el control y el equilibrio de poderes.

Los capítulos, por países, se basan en una evaluación cualitativa llevada a cabo por la Comisión Europea y se centran en una síntesis de los cambios significativos ocurridos desde enero del año 2019, introducida por una breve descripción fáctica del marco jurídico e institucional pertinente para cada pilar. La evaluación, presenta tanto los problemas como los aspectos positivos, además de las buenas prácticas.

Al aplicar la misma metodología y examinar los mismos temas en todos los Estados, manteniendo, al mismo tiempo, la proporcionalidad con la situación y los hechos, la Comisión Europea ha garantizado un enfoque coherente y bastante equiparable.

El segundo informe se elaboró en 2021. En el informe se señala que «los expertos y los directivos de empresas perciben que el nivel de corrupción en el sector público se mantiene relativamente bajo. En el Índice de Percepción de la Corrupción de 2020 de Transparencia Internacional, España obtiene una puntuación de 62/100, con lo que ocupa el 9.º lugar de la Unión Europea y el 32.º de todo el mundo. Esta percepción ha mejorado [ciertamente, sin embargo] durante los últimos cinco años».

Así, una de las modernas recetas que, por ejemplo, aplican para atender tales retos es la transparencia en la rendición de cuentas públicas que, debidamente aplicada, conlleva siempre efectos positivos en la prevención y lucha contra el fenómeno de la corrupción, el despilfarro de fondos públicos o la politización desordenada del sector público; no olvidando practicar además el correlativo esfuerzo, administrativo y presupuestario, dirigido a obtener unos mejores sistemas de acceso y promoción del personal al servicio del sector, impregnándolos de principios constitucionales de mérito y capacidad, extremos que sin duda garantizan el rigor en la formación y la «fecundidad» en la experiencia de los profesionales públicos, pero que de poco sirven si no se acompañan de valores en la gestión del capital intelectual, basados en la motivación, la empatía y, como ya se ha dicho, en el adecuado tratamiento del liderazgo.

§ 24.
DEL BUEN GOBIERNO

Son varios los motivos que justifican una necesidad de disponer de códigos de Buen Gobierno en las instituciones, a saber:

— Su importancia es central en una gestión pública para el siglo XXI; y demuestran su utilidad como herramientas para ayudar a los gobernantes y empleados públicos a desplegar toda una gestión íntegra y de calidad, que redunde en el bienestar de las personas.

— La integridad no sólo es un valor en alza, sino que constituye, además, un valor rentable. La inversión en valores éticos es eficiente, en efecto, tanto en términos económicos cuanto, en términos intangibles, dado que la deseada confianza ciudadana en las instituciones no se consigue sólo multiplicando los controles, sino también reforzando los hábitos y las convicciones.

— Siguiendo el criterio establecido por la OCDE en su Recomendación sobre Integridad Pública de 26 de enero de 2017, citada; el sector público debería implementar sistemas de integridad, promover una cultura ética y ejercer el liderazgo necesario en dicho ámbito, así como, por último, demostrar una rendición de cuentas real y efectiva para que los resultados de la actividad administrativa lleguen a los ciudadanos y puedan ser comprendidos por éstos[79].

---

[79] LÓPEZ DONAIRE, B. (2022), «Los códigos de conducta en el marco de integridad», en la op. colectiva *La Directiva de protección de los denunciantes y su aplicación práctica al Sector público,* (Coord.) Gimeno Beviá, J. y López Donaire, B., Tirant lo Blanch, Valencia. Primera ed., p. 439.

En palabras de la propia OCDE «la integridad pública refiere al constante alineamiento y/o apropiación de los valores éticos, principios y normas compartidas, para proteger y priorizar el interés público sobre los intereses privados en el sector público».

Por consecuencia, la ya citada Recomendación del Consejo de la OCDE sobre Integridad Pública (2017), bien puso de manifiesto una necesidad de que los códigos éticos de conducta y de Buen Gobierno se inserten en un sistema o marco de integridad política, incorporando, también, las recomendaciones y exigencias éticas que han venido realizando otros organismos internacionales como los derivados de los Objetivos de Desarrollo Sostenible (ODS).

— La Declaración de Estrasburgo sobre los valores y los retos comunes de las Administraciones públicas europeas, firmada el 17 de marzo de 2022 por las/os ministras/os responsables de función pública de los países miembros de la Unión Europea, supone un reconocimiento de la existencia de valores y retos comunes de los gobiernos en la Unión, con base en tres áreas esenciales: la construcción de una función pública «atractiva», moderna e innovadora, que lidere a través de su ejemplo; la existencia de unos servicios públicos transparentes y resilientes que respondan a las expectativas de la ciudadanía y unos servicios públicos digitales de alta calidad, inclusivos y estratégicamente autónomos.

Los códigos éticos y de Buen Gobierno se configuran, así, como instrumentos de autorregulación, carentes de valor normativo y que tienen finalidad, esencialmente, preventiva y orientadora; sin perjuicio de la vigencia de la legislación aplicable.

Son documentos de una naturaleza abierta, que podrán (y deberán) completarse o adaptarse de manera permanente de acuerdo con la interpretación que se vaya produciendo en la aplicación práctica de los valores y normas de conducta; y, asimismo, son documentos dinámicos, que funcionan como un paraguas al amparo del cual se podrán incorporar nuevos códigos que, por áreas de actuación por ejemplo, o por colectivos específicos, o sectores de actividad que deseen desarrollar sus compromisos éticos, se puedan elaborar por la Institución correspondiente[80].

---

[80] JIMÉNEZ VACAS, J. J. y LARREA HERNÁNDEZ-TEJERO, C. (2022).

Decía Concepción Arenal, en su memoria *La instrucción del pueblo,* premiada por la Real Academia de Ciencias Morales y Políticas en 1878, que «el ideal de una sociedad sería que todos los individuos que la componen, comprendiendo perfectamente sus deberes, los cumplieran sin coacción alguna, de modo que no hubiese necesidad de leyes, ni de tribunales que las aplicasen, ni de fuerza pública para apoyarlas. En este caso, no habría distinción entre el deber moral y el deber legal, siendo entrambos igualmente obligatorios y voluntariamente aceptados y cumplidos. (...) El deber, en esencia, es también eterno e inmutable; consiste siempre en realizar la Justicia como se comprende y en hacer cuanto fuere dado para comprenderla bien; nadie puede obligarse a más, ninguno cumple con menos. Todo hombre está obligado a realizar la mayor suma de bien posible, según las circunstancias en que se encuentra; ¿estas circunstancias pueden hacer variar la forma del deber?; en esencia, como hemos dicho, no. El jefe de un Estado culto y el de una horda salvaje; el rey y el pastor, el sabio y el ignorante, el rico y el pobre, el fuerte y el débil, no pueden dar al cumplimiento de sus deberes la misma forma; pero todos tienen una obligación que cumplir, que es realizar la mayor suma de bien posible, según los medios de que disponen».

Palabras de hace más de siglo y medio que cobran, sin embargo, especial brillo hoy; y un vínculo con un elemento, particularmente político, de Buen Gobierno, y con su correlativo primer y fundamental Derecho a la Buena Administración: el Derecho de los ciudadanos a ser bien gobernados y administrados.

Aquel que exige adoptar instrumentos que garanticen su cumplimiento, como lo son el diseño de una arquitectura ética en un marco general de integridad institucional.

Quinta parte:
Del elemento cooperativo
y del nuevo modelo
de «cogobernanza»

«En un mundo de interdependencia global, ni siquiera
los más poderosos Estados-nación son dueños
de su destino». Michael J.

Sandel (2023: 122)

§ 25.
DEL ELEMENTO COOPERATIVO

Los retos a que se enfrentan las sociedades modernas en el siglo XXI son cada vez más complejos; sin duda precisando del concurso de distintas administraciones para hacer frente a los mismos de una manera coordinada, solvente, coherente y también cooperativa y colaborativa en contexto que hemos venido analizando. Ello, así, va a requerir destacar cuanto menos algunas prioridades:

a) La toma de decisiones conjunta o planificación.
b) La potenciación de los sistemas de órganos de cooperación.
c) Mayor transparencia en la financiación de las políticas públicas.
d) El establecimiento o mejora de sistemas de información compartidos.

En los Estados fuertemente descentralizados de hoy, como es España, pero también Alemania, Austria o Suiza; se ha tratado de profundizar en distintos mecanismos de cooperación y coordinación con el objeto de reforzar la participación de las distintas instancias públicas en la toma de decisiones políticas y en el fortalecimiento de las arquitecturas multilaterales, compartiendo responsabilidad y en definitiva prestando mejor servicio público a unos ciudadanos, hoy configurados verdaderos titulares de derechos e intereses legítimos frente a los gobiernos y Administraciones públicas.

En el *Libro Blanco del Comité de las Regiones sobre la gobernanza multinivel* (2009) se entendía la denominada: «gobernanza multinivel», como la acción coordinada de la Unión Europea, los Estados miembros y los entes regionales y locales, basada en la asociación y destinada a reelaborar y aplicar las políticas de la Unión Europea. La misma, induce una responsabilidad compartida de los diversos niveles de poder en cuestión y se fundamenta en todas las fuentes de legitimidad democrática, así como en la representatividad de los diversos agentes políticos implicados *(stakeholders)*.

La gobernanza multinivel, continuaba señalando, es un proceso dinámico que posee una dimensión horizontal y también una vertical; que no diluye en manera alguna la responsabilidad política, sino que, más bien y por el contrario, si los mecanismos e instrumentos son pertinentes y aplican de forma correcta, favorece el sentimiento de participación en las decisiones y la aplicación común.

La gobernanza multinivel constituye más, por consiguiente, un «sistema de acción» político que un instrumento jurídico y no puede comprenderse únicamente desde el ángulo de reparto de competencias.

El libro blanco sobre la gobernanza europea de la Comisión Europea (2001) definió, así, hasta cinco principios básicos de una buena gobernanza: apertura, participación, responsabilidad, eficacia y coherencia.

La «gobernanza multinivel» quiere garantizar la aplicación de estos principios, les da continuidad y los complementa.

El elemento de «gobernanza» pasará a convertirse, así, en otro de «cogobernanza», enfatizando la participación de todos los agentes públicos implicados.

En este sentido, el establecimiento de un «sistema de cogobernanza» y la centralidad del elemento de cooperación ha de resultar primordial por cuanto el funcionamiento eficaz del Estado sólo podrá lograrse en la medida que se articulen mecanismos y procedimientos que concierten las voluntades y canalicen la «cooperación» entre las distintas instancias políticas territoriales del poder y gobierno.

De hecho, en los sistemas federales siempre se ha contemplado la existencia de alguna institución en la que abordar los problemas comunes a los diferentes Estados y, tradicionalmente, esa función se ha asignado a las Cámaras senatoriales. Pero, en la actualidad, se han adoptado nuevos mecanismos de correlación directa entre los gobiernos, y la metodología también viene funcionando. En Suiza, por buen ejemplo, se ha puesto en marcha la llamada Casa de los Cantones, un instituto donde se han reunido todos los secretariados de las distintas conferencias e instituciones inter cantonales para, así, poder maximizar su trabajo.

§ 26.
DEL MODELO ESPAÑOL DE ESTADO
DESCENTRALIZADO

La Constitución Española de diciembre de 1978, omite el concepto de «Estado Autonómico» que, en puridad, no se identifica con ninguno de los conceptos clásicos de Estado-nación federal o Estado regional. Así, la estructura del Estado, en España, resulta de dos procesos, uno constituyente (1978) y otro «estatuyente». Se trata de un modelo inacabado que, al fundarse en el principio dispositivo, queda «abierto» a un proceso de reivindicación o de negociación por parte de las Comunidades Autónomas.

El modelo de Estado de las autonomías permite tratar cuestiones singulares de cada Comunidad Autónoma en foros bilaterales y cuestiones generales en foros multilaterales. Ambos marcos de colaboración, bilateral y multilateral, se complementan, no se contradicen ni se solapan y pueden estar previstos en los Estatutos de Autonomía, en la ley, o surgir, simplemente, del acuerdo entre los gobiernos (vid. Sentencia del Tribunal Constitucional 31/2010, de 28 de junio de 2010). No en vano, el principio de colaboración deriva de la esencia del modelo de organización territorial del Estado español, no siendo necesario justificarlo en preceptos concretos (Sentencia del Tribunal Constitucional, en adelante STC, 80/1985, de 4 de julio, FJ 2). De hecho, es inherente a la lealtad constitucional que el gobierno extreme el celo por llegar a acuerdos en temas de especial relieve para el Estado autonómico (vid., asimismo, STC 209/1990).

El marco constitucional es el límite, pero también el aval y el promotor del diálogo y el acuerdo entre los poderes públicos, ofreciendo distintos foros y procedimientos con dicho fin, como corresponde a un Estado fuertemente descentralizado. Los foros que pueden crearse son, así, de muy diversa naturaleza, adaptándose a las necesidades que se detecten a lo largo del tiempo. De tal modo la Conferencia de presidentes o la Conferencia para Asuntos Relacionados

con la Unión Europea, por ejemplo, también se cons-
tituyeron antes de que se previeran en norma alguna:

> «La Constitución no aborda, ni puede abordar ex-
> presamente, todos los problemas que se pueden susci-
> tar en el orden constitucional, en particular los deriva-
> dos de la voluntad de una parte del Estado de alterar
> su estatus jurídico. Los problemas de esa índole no
> pueden ser resueltos por este Tribunal. [...] Los pode-
> res públicos y muy especialmente los poderes territo-
> riales que conforman nuestro Estado autonómico son
> quienes están llamados a resolver mediante el diálogo
> y la cooperación los problemas que se desenvuelven
> en este ámbito. El concepto amplio de diálogo, por
> otra parte, no excluye a sistema o institución legítima
> alguna capaz de aportar su iniciativa a las decisiones
> políticas, ni ningún procedimiento que respete el mar-
> co constitucional» (STC 42/2014, de 25 de marzo).

Herramientas como las Comisiones Bilaterales de
Cooperación (en adelante, CBC) surgieron como instrumento para articular ese diálogo y el entendimien-
to en España, entre la Administración del Estado y la
de cada una de las Comunidades Autónomas, sin que,
como ya se ha adelantado, en un primer momento
contaran con una previsión estatutaria o normativa
concreta a excepción de la Junta de Cooperación de
la Administración del Estado con la Comunidad Fo-

ral de Navarra, que sí se encontraba prevista por las disposiciones de la Ley Orgánica 13/1982, de 10 de agosto, de Reintegración y Amejoramiento del Régimen Foral de Navarra.

Así, pueden mencionarse los hitos normativos que han incidido en el desarrollo de la cooperación bilateral Estado-Autonomías en España, pudiendo sintetizarse estos en los siguientes:

— La aprobación del artículo 5º de la Ley 30/1992, de 26 de noviembre, en su reforma operada por la Ley 4/1999, de 13 de enero, que definió las Comisiones Bilaterales.

— La reforma del artículo 33º de la Ley Orgánica 2/1979, de 3 de octubre, del Tribunal Constitucional, en la redacción dada por la Ley 1/2000, de 7 de enero: las CBC se conciben como un instrumento a través del cual el Estado y las Comunidades Autónomas pueden examinar las controversias normativas con fin de evitar, en su caso, la interposición del recurso de inconstitucionalidad.

— La modificación de los nuevos Estatutos de Autonomía, en los que se configuran como el marco general y permanente de relación entre los gobiernos del Estado y de la respectiva Comunidad Autónoma, a la vez que es el propio Estatuto de Autonomía el que señala sus funciones, por lo que su régimen jurídico queda establecido por los propios estatutos y por el propio reglamento de organización y funcionamiento.

— Por último, la aprobación de la Ley 40/2015, de 1 de octubre, de Régimen Jurídico del Sector Público (LRJSP), que en su artículo 153 regula las Comisiones Bilaterales sin perjuicio de las peculiaridades establecidas en los Estatutos de Autonomía en materia de organización y funcionamiento.

De tal forma, en el momento actual conviven en España dos categorías de Comisiones Bilaterales: las estatutarias (que se rigen por el Estatuto y sus normas de funcionamiento) y las no estatutarias cuya reglamentación y régimen interno es el establecido por el acuerdo entre las partes. Así, la cooperación bilateral está prevista formalmente para todas las Comunidades Autónomas, si bien existen Comunidades Autónomas que cuentan con Comisiones Bilaterales previstas en el Estatuto de Autonomía (Canarias, Cataluña, Andalucía, Aragón, Castilla y León y Extremadura) y otras que no disponen de este instrumento en su Estatuto, bien por no haberlo reformado, o bien porque habiéndolo hecho no ha previsto un órgano estatutario de cooperación bilateral, en cuyo caso se aplica el régimen general previsto por la LRJSP.

Así, a pesar de tener distinto régimen jurídico, estatutario o legal, tanto las Comisiones Bilaterales estatutarias cuanto las no estatutarias, basan su funcionamiento en el principio de cooperación voluntaria «como principio articulador de las relaciones Estado-Comunidad Autónoma que no excluye otros marcos de relación, ni otorga a dicha Comisión función distinta de la cooperación voluntaria en el ámbito de las competencias de ambos Gobiernos, que son indisponibles» (STC 31/2010, ya anteriormente citada, vid. FJ 115).

Asimismo, las relaciones bilaterales entre el Estado y las Comunidades Autónomas también están presididas, tanto por el principio de lealtad constitucional, como por el respeto a los márgenes legales en relación con los acuerdos que se adoptarán en el marco de actuación de la Comisión Bilateral.

Conforme a ello, este principio de lealtad institucional, que no está previsto en la Constitución, pero sí recogido en algunos Estatutos de Autonomía, requiere que las decisiones tomadas por todos los entes territoriales y en especial, por el Estado y las Comunidades Autónomas, tengan como referencia necesaria la satisfacción de los intereses generales (artículo 103, CE), dentro del ordenamiento constitucional;

no pudiendo tomarse decisiones que menoscaben o perturben dichos intereses o atenten contra la legalidad vigente. En suma, la lealtad constitucional debe presidir las relaciones entre las instancias de poder territorial en España, constituyendo el soporte esencial de funcionamiento del Estado Autonómico de observancia obligada (STC 239/2002, FJ 11; STC 13/2007, FJ 7), y constituyendo, asimismo, uno de los principios vertebradores de las relaciones interadministrativas, conforme el artículo 140 de la Ley 40/2015, de 1 de octubre (en adelante, LRJSP).

De acuerdo con todo lo anterior, las cuestiones que abordar y los acuerdos que adoptar deberán ser relativos a aquellos asuntos que afecten directamente a la competencia e intereses de las Comunidades Autónomas, que por otra parte son indisponibles; sin olvidar que esta cooperación, bilateral y multilateral, también deberá de tener en cuenta tanto a otros órganos de cooperación, cuanto a los multilaterales o a aquellos específicos relativos a una materia concreta (tal es el caso de los órganos de cooperación de contenido económico-financiero), en cumplimiento de la STC 31/2010 en su FJ 115, mencionada anteriormente.

No quepa olvidarse en dichos extremos, que la solución para que la gobernanza ascendiera a nivel de Estado fue el diseño y la adopción de las nuevas fórmulas institucionales.

Este es, igualmente, el mismo tipo de solución a perseguir para que ascienda el nivel o elemento de «cogobernanza» en un Estado compuesto y fuertemente descentralizado como lo es España[81].

§ 27.
DEL NUEVO ELEMENTO DE «COGOBERNANZA»

Según la OCDE, las regiones y ciudades juegan un papel cada vez más importante en el diseño e implementación de las políticas públicas y los servicios que afectan de manera más directa a la ciudadanía, como el transporte, la provisión de energía, la digitalización, la educación, la sanidad, la vivienda, o el abastecimiento de agua[82].

Al mismo tiempo, hasta dos tercios de los países federales y unitarios estudiados han optado por un modelo de gobernanza regional «asimétrica». En ocasiones se busca asignar un mayor número de competencias a las entidades subnacionales más capaces

---

[81] COLOMER, J. M.ª (2015: 259)

[82] OCDE. "Making Decentralisation Work. A Handbook for policymakers". OECD *Multi-level Governance Studies.* (París: OECD Publishing, 2019). Vid. https://doi.org/10.1787/2414679x

(caso paradigmático de los *Länders*, en Alemania). En otros casos, dicha asimetría puede reflejar estatutos históricos diferentes —en España, Reino Unido o Italia, por ejemplo— o incluso geográficos, como ocurre con las regiones periféricas de ultramar en Portugal o Francia.

Más recientemente, la «asimetría» se ha utilizado para reconocer las características específicas de las grandes ciudades y áreas metropolitanas (de nuevo es el supuesto de Francia, Italia o Turquía).

En términos generales, las reformas sobre «gobernanza regional» se han llevado a cabo teniendo presentes uno o varios de los siguientes objetivos:

— Hacer frente a las desigualdades territoriales mediante una política de desarrollo regional. En el marco de la Unión Europea, la política de «cohesión» ha dado paso a diversos procesos de descentralización, particularmente en Europa del este a compás de últimas ampliaciones de la Unión.

— Preservar características específicas de una naturaleza histórica, cultural, étnica o lingüística, mejorando, para ello, la autonomía regional.

— Incrementar la eficiencia del sistema de gobernanza a diversos niveles.

— Fortalecer la democracia, mediante la creación de una autoridad regional elegida de manera directa, mejorando también la transparencia y la rendición de cuentas a nivel regional.

Los grados y las formas en que se lleva a cabo esta descentralización, así como las entidades sobre las que recae (regiones, ciudades) varían enormemente de un Estado a otro. También lo hacen los sistemas de financiación de los gobiernos subnacionales. Pero, en cualquier término, la realidad muestra la importancia de articular mecanismos de cooperación y colaboración entre las distintas entidades con el efecto de llevar a cabo las políticas que la ciudadanía precisa. La mayor parte de las responsabilidades son, así, compartidas entre distintos niveles de gobierno, y ello hace que la definición y reconfiguración de las relaciones entre estos sean uno de los grandes desafíos a los que se enfrenta la consolidación de los sistemas descentralizados como es el modelo español.

Las principales conclusiones apuntan a una necesidad de contar con instrumentos eficientes de gobernanza interterritorial para gestionar la creciente autoridad de las entidades regionales.

En un contexto de responsabilidades compartidas, la coordinación entre los distintos niveles de gobierno es esencial para abordar inconsistencias en las políticas públicas, intereses cruzados y asignaciones de recursos ineficientes. La autoridad regional se encuentra en una posición estratégica, en la intersección de los niveles nacionales, intermedios o locales, para promover una coordinación vertical que genere resultados coherentes y claros para todos los ámbitos de gobierno.

Las reformas de la gobernanza regional suponen, al mismo tiempo, una oportunidad para desarrollar capacidades estratégicas, particularmente en lo que respecta a la planificación y la implementación del desarrollo territorial.

Como ha señalado acertadamente el Tribunal de Cuentas de España, en su Informe número 1.495 de 2022, de fiscalización de las actuaciones para las relaciones de cooperación multilateral entre la Administración General del Estado y las Comunidades Autónomas, desarrolladas en el marco de la gestión de la pandemia covid-19, «el entrecruzamiento competencial, así como la atribución de responsabilidades en las políticas públicas a diferentes niveles políticos puede dar lugar a situaciones complejas que requieren de la concertación y el acuerdo entre el Estado y las Comunidades Autónomas. Para atender esta realidad, los instrumentos de cooperación buscan garantizar la coherencia del sistema autonómico, evitar duplicidades o solapamientos de las funciones que se llevan a cabo y garantizar el uso eficiente de los medios humanos y materiales de las diferentes administraciones»[83].

«Cuando varias Administraciones —añade— actúan sobre un mismo territorio, la misma realidad social, económica o ambiental, cada una con sus propias competencias, la acción de una, directa o indirectamente, repercute sobre la otra. Las fronteras administrativas no siempre pueden coincidir con las áreas funcionales.

Estos efectos cruzados podrán tener diferentes intensidades y grados de complejidad, sinergias y realimentaciones, tanto positivas como negativas. Por ello, la cooperación facilita la consecución de mejores resultados y beneficia a todas las Administraciones implicadas».

En informes accesibles (en la red) sobre la actividad de los órganos de cooperación en España[84], se ha señalado, así, la importancia con que irrumpe, en los años 2020, el elemento de «Cogobernanza», como un

---

[83] Vid. https://www.tcu.es/repositorio/9382461c-c151-4c fa-8f7a-ad36e2cfd4a4/I1495.pdf

[84] Ministerio de Política Territorial y Memoria Democrática. *Informes anuales sobre Conferencias Sectoriales.* Vid. https://mpt.gob.es/politica-territorial/autonomica/coop_autonomica/Conf_Sectoriales/Conf_Sect_anuales.html

paso más allá a la idea de gobernanza. Efectivamente, a partir de 2020 se pone de relieve la importancia de la cooperación y de la toma conjunta de decisiones, articulando la participación de los distintos sujetos con entidad propia en la toma de decisiones comunes y de interés a todos ellos en el territorio español.

Como ya se puso de manifiesto, en 1992, con ocasión de los segundos pactos de la Moncloa, «la articulación y el perfeccionamiento del Estado de las Autonomías requiere poner todo el énfasis en aquellos principios que han inspirado la práctica política de los Estados compuestos. La lealtad constitucional y estatutaria expresada en la voluntaria, pero imprescindible cooperación entre los poderes públicos se convierte en la argamasa necesaria de la funcionalidad de un Estado tan descentralizado como el nuestro.

Precisamente porque las interdependencias entre las actuaciones de los poderes centrales, autonómicos y locales son cada vez mayores, y porque apenas pueden imaginarse áreas de actividad o colectivos sociales inmunes a las respectivas actuaciones, resulta caduca y estéril toda tentación de encastillamiento o de ocupación exclusiva del espacio. El respeto a los ámbitos materiales reservados a la decisión de cada Administración no sólo no impide, sino que reclama, en aras de la eficacia y el equilibrio del conjunto, el diálogo y la cooperación entre todas ellas».

La crisis sanitaria internacional ocasionada por la emergencia del Covid-19 así como las consecuencias económicas y sociales de la misma, han puesto, así, de manifiesto, la importancia de una buena «cogobernanza», no solo a nivel europeo sino también a nivel interno de cada país y la necesidad de contar con la estrecha colaboración de los entes regionales y locales en la concepción y la aplicación de las estrategias tanto europeas cuanto nacionales.

§ 28.
DE UNA «CULTURA DE COOPERACIÓN»

España, como se ha dicho, es un Estado fuertemente descentralizado, tanto política cuanto administrativamente; si bien debe puntualizarse que, conforme al principio de lealtad institucional, las iniciativas tomadas por todos los entes territoriales y, en especial, por el Estado y las Comunidades Autónomas deben tener por referencia necesaria la satisfacción de los intereses generales dentro del ordenamiento constitucional. En suma, la «lealtad constitucional» debe presidir las relaciones entre las diversas instancias de poder territorial, constituye un soporte esencial de funcionamiento del Estado autonómico y su observancia resulta obligada (STC 13/2007, de 18 de enero, FJ 7.º) constituyendo uno de los principios vertebradores de las relaciones interadministrativas, conforme al artículo 140 de la Ley 40/2015, de 1 de octubre, del Régimen Jurídico del Sector Público (LRJSP).

Así, la práctica institucional y normativa de los últimos años ha dado lugar a un verdadero sistema de cooperación bilateral y multilateral entre Administraciones públicas, que se ha intensificado a nivel cuantitativo y cualitativo a través de la conferencia de presidentes, las conferencias sectoriales, los convenios, las comisiones bilaterales de cooperación y las comisiones mixtas de transferencias de funciones y servicios, con arreglo, en muy sucinta síntesis, a los siguientes hitos:

— La pandemia ocasionada por la covid-19 que, pese a su carácter excepcional, ha consolidado la toma de conciencia de la importancia de que todos los poderes públicos con competencias implicadas en cada política pública adopten decisiones coordinadas y bajo el paraguas de un nuevo elemento de «cogobernanza», adoptando medidas de forma cooperativa.

— La puesta en marcha en España del Plan de Recuperación, Transformación y Resiliencia (criterios de reparto, territorialización de fondos europeos y priorización de proyectos) ha protagonizado las deliberaciones en el seno de los distintos órganos de cooperación.

— Finalmente, la invasión de Ucrania por Rusia, que ha determinado, también, gran parte de las decisiones adoptadas por los órganos de cooperación, con un especial protagonismo de las consecuencias derivadas en los mercados de la energía, sin perjuicio de otros temas como la acogida de personas refugiadas.

Las relaciones de gobierno «interadministrativas», se pueden definir como aquellas conexiones jurídicas que establecen, entre sí, dos o más Administraciones públicas territoriales, directa o indirectamente a través de un ente instrumental, en el ejercicio de las competencias que, de acuerdo con el ordenamiento jurídico, le corresponden a cada una de ellas, para garantizar la efectiva y correcta actuación de todas ellas.

De conformidad, en efecto, con el artículo 140.1.c LRJSP, la colaboración es el deber que tiene toda Administración pública de actuar juntamente con el resto de las entidades del sector público, para el logro de fines comunes.

Además, debe de precisarse que el marco general atributivo de la titularidad de las competencias se halla definido, en España, por el bloque de constitucionalidad.

Dicho bloque, está formado por la Constitución, los Estatutos de Autonomía y las leyes que, dentro del marco constitucional, se hubieran dictado para delimitar las competencias entre el Estado y las Comunidades Autónomas o para regular y/o armonizar el ejercicio de las competencias de éstas, según establece el artículo 28.2 de la Ley Orgánica 2/1979, de 3 de octubre, del Tribunal Constitucional.

En una misma línea de lo anterior, las relaciones del Estado con las Comunidades Autónomas, dotadas de autonomía política[85], se sustentan en una fijación de esferas de competencia indisponibles e irrenunciables, dentro de la forma de organización territorial del Estado español, configurada por la Constitución y los Estatutos de Autonomía (SSTC 168/2009, de 9 de julio; 247/2007, de 12 de diciembre; 194/2004, de 4 de noviembre; y 26/1982, de 24 de mayo).

En efecto, la jurisprudencia constitucional recaída sobre los diversos instrumentos de cooperación ha reiterado el criterio de que su puesta en práctica no per-

---

[85] Es criterio mayoritario de la doctrina, citando la STC n.º 25/1981, de 14 de julio (FJ 3º), que solo las Comunidades Autónomas gozan de autonomía de naturaleza política, cualitativamente superior a la administrativa que corresponde a los Entes locales, por ostentar, aquellas, potestades legislativas que no ostentan estos.

mita alterar las competencias propias de las Administraciones públicas actuantes. En concreto, así lo ha explicitado con respecto de los convenios de cooperación (STC 13/1992, de 6 de febrero), las conferencias sectoriales (STC 76/1983, de 5 de agosto) y los reales decretos de traspasos de funciones y servicios (STC 11/1986, de 28 de enero), entre otras figuras.

En ese sentido, corresponde al gobierno de España, como máximo responsable de su finalización, la plena efectividad del reparto de competencias citado, de acuerdo con el principio de lealtad constitucional (vid. STC 209/1990, de 20 de diciembre).

Como ha señalado la OCDE (2019), entre las principales directrices para hacer la descentralización más efectiva se encuentran varios aspectos estrechamente relacionados con la construcción de un buen sistema de cooperación. Así, en primer término, se señala la importancia de clarificar las responsabilidades asignadas a los diferentes niveles de gobierno, conforme ya se ha relacionado.

Esta distribución de responsabilidades debe de ser explícita, entendida por todas las partes y clara para todos los actores.

Por su parte, en su quinta directriz, la OCDE señala la importancia de crear una «cultura de cooperación» y de «comunicación regular», como elementos esenciales para la gobernanza multinivel en clave de elemento de «cogobernanza». Para ello, es importante que el sistema legal, en el ámbito nacional, garantice las herramientas adecuadas para la cooperación, tanto horizontal cuanto verticalmente, así como la provisión de instrumentos y/o mecanismos certeros para una toma de decisiones conjunta.

§ 29.
De un «Sistema de órganos de cooperación»

Así, al hablar de un «sistema de órganos de cooperación» se hace referencia a todo un ecosistema en el que están presentes los distintos tipos de órganos colegiados de gobierno con participación de entes regionales (Comunidades Autónomas o Entidades locales)[86]. Dentro de dichos órganos, que con carácter general tendrán carácter consultivo, y no decisorio, las conferencias sectoriales cobran especial relevancia; precisamente por su composición específica, su reconocimiento legal y su capacidad de adoptar acuerdos de una forma conjunta.

---

[86] Vid. JIMÉNEZ VACAS, J. J. (2021), "Régimen de los órganos colegiados de gobierno". *GABILEX: Revista del Gabinete Jurídico de Castilla-La Mancha,* núm. 25, pp. 171-204.

Desde el momento mismo en que empieza a crearse el Estado autonómico (con la aprobación de los primeros Estatutos de Autonomía), surge la necesidad de contar con instrumentos específicos de cooperación que permitan dos grandes objetivos: compartir información y alcanzar acuerdos cuando ello resulte necesario[87].

La primera regulación de las conferencias sectoriales la recoge la Ley 12/1983, de 14 de octubre, del Proceso Autonómico, con una naturaleza orgánica y funciones esencialmente análogas a las actuales. Concretamente dice su artículo 4.1 que «a fin de asegurar en todo momento la necesaria coherencia de la actuación de los poderes públicos, y la imprescindible coordinación, se reunirán de forma regular y periódica, al menos dos veces al año, conferencias sectoriales de los consejeros de las distintas Comunidades Autónomas y del ministro o ministros del ramo, bajo la presidencia de uno de estos con el fin de intercambiar puntos de vista y examinar en común los proble-

---

[87] Ministerio de Política Territorial y Memoria Democrática. *Informes anuales sobre Conferencias Sectoriales. Vid.* https://mpt. gob.es/politica-territorial/autonomica/coop_autonomica/ Conf_Sectoriales/Conf_Sect_anuales.html

mas de cada sector y las acciones proyectadas para afrontarlos y resolverlos».

Este proceso de construcción de un «sistema de cooperación» ha requerido de ajustes constantes y ha ido evolucionando al mismo tiempo que el propio Estado autonómico en España.

De tal modo el Consejo de Política Fiscal y Financiera, como conferencia sectorial competente en materia de financiación autonómica, fue la primera en constituirse.

Más adelante, aparecen las conferencias sectoriales relativas a políticas públicas que serían asumidas por las Comunidades Autónomas, pero en las que también tendría un papel relevante la incorporación a la Unión Europea (entonces Comunidad Económica Europea) como lo fue en la materia de Agricultura. Así se fueron creando también conferencias en aquellas materias donde se comparten intereses entre los gobiernos central y autonómicos y donde coinciden distintos títulos competenciales, como son el caso del turismo y del consumo.

Por último, las conferencias correspondientes a las grandes políticas públicas del Estado de bienestar, la sanidad y la educación, que se crearon coincidiendo con la aprobación de sus respectivas leyes generales y al hilo del posterior y progresivo traspaso de su gestión a las Comunidades Autónomas.

En un modelo español descentralizado, así, tanto la Administración estatal como las Comunidades Autónomas, las Ciudades con Estatuto de Autonomía de Ceuta y Melilla, y las distintas Entidades locales, tienen garantizados sus respectivos ámbitos de autonomía y capacidad de gestión de sus propias políticas. Además, el sistema queda basado en la necesidad, mutuamente reconocida, de trabajar de forma cooperativa para alcanzar soluciones conjuntas a las cuestiones comunes.

Para cada ámbito concreto de actuación pública, la intensidad y, por tanto, la forma elegida para cooperar vendrá determinada por la forma concreta en la que se distribuyan las competencias, compartidas o concurrentes, de acuerdo con lo previsto en cada caso. No obstante, es importante decir que, sea cual sea el grado de intensidad en que la competencia es ejercida por uno u otro nivel territorial, las conferencias sectoriales han demostrado ser un mecanismo adecuado para compartir e intercambiar información, adoptar acuerdos, coordinar actuaciones, facilitar la cohesión y, en última instancia, garantizar la igualdad de la ciudadanía, empresas y organizaciones en todo el territorio del Estado.

El intercambio de información y de experiencias en el seno de las conferencias sectoriales y también, especialmente, en los distintos órganos que dependen de ellas (comisiones sectoriales y grupos de trabajo), que tienen un nivel más técnico, demuestra, asimismo, notables ventajas. Cuando la actividad de estas conferencias y de sus grupos es regular y los miembros llegan a trabar un buen conocimiento y sintonía, se observa, en efecto, una indudable mejora en los ámbitos de gestión.

La cooperación se diferencia del elemento de coordinación en su carácter voluntario, mientras que la coordinación comportará que exista un ente «coordinador» superior y siempre será obligatoria. En consecuencia, implicará, en todo caso, la existencia de actores autónomos pero interdependientes, con funciones y competencias que en muchos casos confluyen y se entrelazan unas con otras[88].

Todos estos actores deben dar solución a problemas colectivos, que requieren de capacidades y recursos puestos en común en clave, repito, de «cogobernanza».

Junto al surgimiento de las conferencias sectoriales; que son órganos colegiados que reúnen a los titulares de un Ministerio y de las Consejerías autonómicas competentes en una concreta materia para compartir información, debatir cuestiones de interés común y adoptar

---

[88] Ministerio de Política Territorial y Memoria Democrática. *Informes anuales sobre Conferencias Sectoriales. Vid.* https://mpt.gob.es/politica-territorial/autonomica/coop_autonomica/Conf_Sectoriales/Conf_Sect_anuales.html

criterios homogéneos donde se estime conveniente (aprueban repartos de fondos, informan proyectos normativos y pueden, incluso, definir las líneas de política general); bien podría concluirse que son tres los hitos fundamentales que han venido en consolidar un verdadero «sistema de cogobernanza» en España:

— La propia aprobación de la Ley 40/2015, de 1 de octubre, que recoge el régimen jurídico de las conferencias sectoriales positivizando un sistema de cooperación interadministrativa que ya era existente, no obstante, en la práctica, hasta la fecha.

— La consolidación del sistema de participación de las Comunidades Autónomas en los grupos de trabajo de la Comisión Europea y en la preparación de los Consejos de ministros de la Unión Europea mediante acuerdo de la conferencia para los Asuntos Relacionados con la Unión Europea (CARUE), de fecha 9 de diciembre de 2004,[89] modificado, posteriormente, en su reunión de fecha 10 de diciembre de 2018.

---

[89] *Vid.* https://mpt.gob.es/dam/es/portal/politica-territorial/internacional/ue/ccaa-eell-ue/CARUE/ACUERDOS_CARUE_2004_CONSOLIDADOS_def.pdf

— La creación de la Conferencia de presidentes, en 2004, en la que el presidente del gobierno de España y los presidentes de todas las Comunidades Autónomas y Ciudades Autónomas de Ceuta y Melilla se reúnen con el objetivo de establecer directrices políticas de carácter general e intersectorial.

§ 30.

DE LA CONFERENCIA DE PRESIDENTES COMO PUNTA DE LANZA DEL SISTEMA

La Conferencia de presidentes se constituye, el día 28 de octubre de 2004, como respuesta a una cuestión largamente planteada durante la construcción del Estado autonómico. Efectivamente, tanto desde las posiciones académicas, cuanto desde las políticas, se venía llamando la atención sobre la inexistencia en el modelo autonómico español de un órgano de relevancia constitucional[90] o de un «foro» de encuentro

---

[90] La categoría de Órgano Constitucional se reserva, doctrinalmente, para los órganos que ejercen las potestades de los tres poderes clásicos: legislativo, ejecutivo y judicial. La configuración constitucional ha incluido, asimismo, una serie de institu-

168

que hiciera coincidir a todos los presidentes territoriales y en el que se pudieran abordar las principales cuestiones políticas, manteniendo debate sobre aquellos asuntos que, por su significación, requirieran adoptar, al menos, posturas generales compartidas.

En 2009 se aprueba su reglamento interno de funcionamiento —reformado, posteriormente, en 2022[91]— si bien no será hasta la LRJSP cuando, por primera vez, se defina e institucionalice en una norma con rango legal, definiéndola su artículo 146 en los siguientes términos: «1. La conferencia de presidentes es un órgano de cooperación multilateral entre el gobierno de la nación y los respectivos gobiernos de las Comunidades Autónomas y está formada por el presidente del gobierno, que la preside, y por los presidentes de las Comunidades Autónomas y de las Ciudades de Ceuta y Melilla; 2. La conferencia de

---

ciones complementarias que ejercen, con distintos títulos jurídicos, funciones básicas que se desgajan de estos tres poderes, las cuales han recibido denominación de órganos de relevancia constitucional (el Tribunal de Cuentas o el Consejo de Estado, por ejemplo).

[91] *Vid.* la Orden TER/257/2022, de 29 de marzo, por la que se dispone la publicación del Reglamento de la Conferencia de presidentes: https://www.boe.es/buscar/act.php?id=-BOE-A-2022-5270

presidentes tiene por objeto la deliberación de asuntos y la adopción de acuerdos de interés para el Estado y las Comunidades Autónomas, estando asistida para la preparación de sus reuniones por un comité preparatorio del que forman parte un ministro del gobierno, que lo preside, y un consejero de cada Comunidad Autónoma».

Esta conferencia, por lo tanto, está llamada a superar el ámbito material parcial que es propio a las conferencias sectoriales, incorporando una visión «integral» y completa de todo el territorio. Sus acuerdos y recomendaciones tienen la consideración de compromiso político y tienen siempre un carácter público.

Desde su creación, la conferencia de presidentes ha mantenido un total de 26 encuentros hasta 2022. En 2020, tras la declaración de la situación de emergencia internacional como resultado de la rápida expansión de la covid-19 y en el marco de la declaración del estado de alarma, en España se mantuvieron hasta catorce reuniones de la conferencia, de carácter extraordinario y prácticamente monográfico en materia sanitaria; demostrando su extraordinaria utilidad como instrumento de «cogobernanza».

Las reuniones posteriores, han permitido, igualmente, acordar medidas sobre el mecanismo de recuperación y resiliencia (MRR), en materia de reparto de fondos provenientes de la Unión Europea.

La última reunión celebrada, que tuvo lugar en la Isla de La Palma, en 2022, tras la catástrofe provocada por la erupción del volcán, en dicha isla del archipiélago canario en septiembre de 2021, adoptó, con el acuerdo de todas las Comunidades y Ciudades autónomas, los llamados «Acuerdos de la isla de La Palma», para dar una respuesta de unidad ante el impacto de la guerra en Ucrania tras la agresión militar de la Federación Rusa.

La construcción del modelo de Estado autonómico y descentralizado en España, por consecuencia, no ha concluido; si bien está pasando a una nueva etapa: Conforme se agota la posibilidad de que el Estado transfiera nuevas competencias, funciones y servicios a las Comunidades Autónomas, se están desarrollando nuevos y mejores instrumentos de colaboración, coordinación y cooperación entre Administraciones, que, además, resultan utilizados con creciente intensidad por el conjunto de actores políticos consolidando un verdadero «sistema de cogobernanza».

El debate, por lo tanto, en torno al modelo territorial dejará de estar centrado en el reparto competencial para orientarse, cada vez más, hacia qué Administraciones se comporten de manera más responsable, eficiente y cooperativa. El protagonismo de los órganos de cooperación deberá, por consecuencia, seguir cre-

ciendo en el futuro, para acompañar a este nuevo elemento de gobierno y a la nueva etapa tecnocrática.

§ 31.
REFLEXIÓN FINAL

La globalización, los desarrollos tecnológicos y la extensión del conocimiento y las competencias y habilidades de las personas, han ampliado sin duda las
perspectivas del entorno geográfico y humano. Nuestro campo de juego ya es, al mismo tiempo, local,
regional, estatal, pero también mundial; y cuenta con
una infinidad de actores.

Esta tendencia se ha percibido, acusadamente, en
la configuración de los gobiernos y en la creciente
descentralización política y administrativa que suele
seguir al desarrollo civil[92]. No se trata sólo de un creciente apoderamiento de los gobiernos municipales,
metropolitanos y/o regionales; sino de que las políticas del Estado de bienestar, en las que han tenido una

---

[92] ARENILLA SÁEZ, M. (2016), *El derecho de la ciudad y el
territorio, en Estudios* en homenaje a Manuel Ballbé Prunés, Fundación Democracia y Gobierno Local e Instituto Nacional de
Administración Pública, (dir.) Judith Gifreu Font, Martín Bassols Coma y Ángel Menéndez Rexach, vid. Prólogo, pp. 20-21.

fuerte presencia y participación, han dejado de ser consideradas como *low politics* y han pasado a ser valoradas como *high politics*.

Hay, sin embargo, «crisis de confianza», en la política y en los gobiernos, que no es nueva, pero que urge a cuestionar sus tradicionales formas de hacer las cosas y que nos estimula a buscar nuevas herramientas de gestión pública, participativa, abierta y corresponsable en el marco de una necesidad de generar confianza y, ahora sí, de reinventar el modelo de gobierno.

Hoy no se puede concebir el acierto y la eficacia en las decisiones políticas sin contar con la colaboración multidisciplinar, la creatividad que emerge de la interacción de las distintas ramas del conocimiento y la experiencia, de la sensibilidad de distintos intereses y perspectivas culturales, sociales, técnicas y económicas también diferentes y, en definitiva, sin una integración de la rica pluralidad que nos envuelve.

La diversidad y la complejidad que caracterizan a nuestras modernas sociedades no pueden entenderse, así, desde las instituciones públicas, como una amenaza o una dificultad y sí como una riqueza o una oportunidad. De las sociedades complejas y de la interrelación entre sus miembros, emerge la creatividad, la innovación y el conocimiento, la transformación, el emprendimiento. El talento y la energía está por todas partes, llena los espacios y su arquitectura, y es obligación de las instituciones públicas activarlos y orientarlos hacia los cambios que aporten valor a la sociedad.

«Sólo hay un territorio, la Tierra entera.»

(M. J. M. Guéhenno)

EPÍLOGO

"—¿Qué te ha apartado de nosotros?
—He leído siempre a Plutarco
—Y ¿qué has aprendido?
—Que, en el fondo, todos han sido humanos"

(Von Goethe, J.W., 1.902, *Sämtliche Werke*, Tomo IV)

Con estas breves palabras referidas a L. M. Plutarco, el autor que soñaba con una literatura mundial nos hace reflexionar sobre esta profunda realidad humana, más allá de los matices propios de las distintas culturas o tiempos pues, en el fondo, todos han sido de carne y hueso, "todos han sido humanos".

La obsolescencia del ser humano anunciada por G. Anders el siglo pasado nos remite al ser humano en esa dicotomía de saberse pequeño, no solamente ante la inmensidad del mundo o bajo los cielos infinitos, sino especialmente frente a la consecuencia de su propia acción; pues la actividad humana, tanto individual como colectiva, se ve confrontada por la complejidad que ella misma genera. De este modo, pudiera parecer que el ser humano hubiese perdido la capacidad de dirigir la acción del mundo siendo el timonel de la historia, encontrándose inmerso en un "problema de escala", en el espacio y en el tiempo, que le situara en la encrucijada de saberse pequeño, por un lado, pero disponiendo de un poder desmesurado, por el otro.

No obstante, en este escenario, convenga recordar a M. Ballbé cuando afirmaba en sus "Comentarios sobre la Ley del Suelo" (Jornadas municipalistas en las Islas Canarias, 1957) que "no hay que olvidar que al hacer cada edificio se está haciendo a la vez la ciudad". Ciertamente la ciudad es más que una suma de edificios, pero evidentemente, cada vez que se construye un edificio se está construyendo la ciudad; no obstante, hay que tener en cuenta que aquel edificio constituye simplemente una célula dentro de la ciudad y, por lo tanto, el ordenado desarrollo de la ciudad es un aspecto que hay que planificar, resultando necesario prever, con antelación, cómo ha de ser esa ciudad. El solar no existe en el reino de la naturaleza, el solar es algo artificial; en la naturaleza existe el terreno, pero el solar cuenta adicionada una obra de urbanización, es decir, una serie de servicios e infraestructuras que le otorgan un valor significativo.

De modo análogo valdría exponer que el buen gobierno no surge espontáneamente de la naturaleza, sino que precisa de un ordenamiento, de una planificación que lo dote, en definitiva, de la infraestructura necesaria para que este pueda darse. La cooperación, la ética y, en definitiva, el buen gobierno, precisan en esencia de una infraestructura que los acoja para que puedan así darse con el orden necesario; para que el edificio no nos haga perder de vista la ciudad, para que el árbol no nos impida ver el bosque.

Aludiendo a palabras del maestro arquitecto mexicano L. Barragán, pronunciadas en su discurso de aceptación del Premio Pritzker (Washington D.C., 1980): «hemos trabajado y seguiremos trabajando animados por la fe en la verdadera estética y con la esperanza de que nuestra labor, dentro de sus muy modestos límites, coopere en la gran tarea de dignificar la vida humana por los senderos de la belleza y contribuya a levantar un dique contra el oleaje de la deshumanización».

Sirva este breve epílogo de remate para una obra sobre buen gobierno escrita con el esmero bohemio de quien bien conozco se esfuerza, cada día, por hacer arte del servicio público y tan dedicado esculpido de tantas y tantos aprendices de administrador en la

Escuela de Gobierno. Porque, para algunos la literatura es en sí misma un fin; pero del mismo modo que un buen arquitecto sabe que la arquitectura no le pertenece en exclusiva, sino que responde a una utilidad, para nuestro autor la literatura es más un medio que tiene una utilidad. Por eso espero, y confío, hayan disfrutado de esta obra tanto como yo lo he hecho.

Carmen Larrea Hernández-Tejero, M.Arch.,
es Arquitecta Superior por la Escuela Técnica Superior de
Arquitectura de Madrid (U.P.M.) y el Politecnico di Torino.

BIBLIOGRAFÍA

ÁLVAREZ CONDE, E., *El gobierno en funciones*. Documentación Administrativa / núm. 246-247 (septiembre 1996 – abril 1997).

ÁLVAREZ GARCÍA, V. (1996), *El concepto de necesidad en el Derecho público,* Madrid.

ARENILLA SÁEZ, M. (2016), *El derecho de la ciudad y el territorio,* Estudios en homenaje a Manuel Ballbé Prunés, Fundación Democracia y Gobierno Local e Instituto Nacional de Administración Pública, (dir.) Judith Gifreu Font, Martín Bassols Coma y Ángel Menéndez Rexach, Madrid.

BAENA DEL ALCÁZAR, M. (2000), *Curso de ciencia de la Administración,* vol. I, 4ª edición, Tecnos, Madrid.

BAR CENDÓN, A. (1985), «La estructura y funcionamiento del gobierno en España: una aproximación analítica», en obra colectiva: *El gobierno en la Constitución Española y los Estatutos de Autonomía,* Diputación de Barcelona, Barcelona.

BAR CEDÓN, A. (2001), *El Libro Blanco «La gobernanza europea y la reforma de la Unión»*. GAPP núm. 22.

BAUMAN, Z., (2000), *Modernidad líquida,* E. FCE.

CAMPOS ACUÑA, M.ª C. (2017), *Comentarios a la Ley 40/2015 de Régimen Jurídico del Sector Público,* Ed. Wolters Kluwer, La Ley.

CARBAJO VASCO, D. (2006), "La protección de los intereses financieros de las Administraciones públicas". *NUE* núm. 253.

CARBONELL PORRAS, E. (1999), *Los órganos colegiados: organización, funcionamiento, procedimiento y régimen jurídico de sus actos.* Centro de Estudios Políticos y Constitucionales, Ed. BOE, Madrid.

CERRILLO I MARTÍNEZ, A. (2005), *La gobernanza hoy: 10 textos de referencia (en introducción),* Instituto Nacional de Administración Pública (INAP), Madrid.

CLAVERO ARÉVALO, M. F. (1953), «Ensayo de una teoría de la urgencia en el Derecho administrativo», *Revista Española de Derecho Administrativo, R.A.P.*

COLOMER, J. M.ª (2015), *El gobierno mundial de los expertos,* Ed. Anagrama S.A., Barcelona.

CORTINA, A. (1993), *Ética aplicada y democracia radical.* Tecnos, Madrid.

DAHLSTRÖM, C. y LAPUENTE, V. (2018), *Organizando el leviatán. Por qué el equilibrio entre políticos y burócratas mejora los gobiernos,* Ed. Planeta, Barcelona.

DELGADO PIQUERAS, F. (1995), «Algunas aportaciones de la ley de régimen jurídico de las Administraciones públicas y del procedimiento administrativo común», *Revista Española de Derecho Administrativo, R.A.P.*, núm. 85.

DÍEZ PICAZO, L. M. (1988), "La estructura del gobierno en el Derecho español". *D.A.*, núm. 215.

FERNÁNDEZ AJENJO, J. A. (2011), *El control de las Administraciones públicas y la lucha contra la corrupción.* Especial referencia al Tribunal de Cuentas y a la Intervención General de la Administración del Estado. Civitas, Madrid.

FERNÁNDEZ AJENJO, J. A. (2019), *Leyes de la corrupción y ejemplaridad pública,* Editorial Civitas. Madrid.

FERNÁNDEZ RAMOS, S. (1997), *El derecho de acceso a los documentos administrativos,* Marcial Pons, Madrid.

FORSTHOFF, E. (1966), *Problemas actuales del Estado social de Derecho en Alemania,* BOE., Madrid.

FUKUYAMA, F. (2023), *El liberalismo y sus desencantos: cómo defender y salvaguardar nuestras democracias liberales,* Ed. Ariel, Ciudad de México.

FULLER, L., (1969), *The Morality of Law.*

GARCÍA MARÍN, J. M. (1987), *El oficio público en Castilla durante la Baja Edad Media,* INAP. Madrid.

GARCÍA MEXÍA, P. (2008), *Ética y gobernanza: Estado y sociedad ante el abuso de poder,* Ed. Tirant lo Blanch, Valencia.

GARCÍA-TREVIJANO FOS, J. A., *Tratado de Derecho Administrativo.* Madrid (Ed. De los años 1967 y 1973).

GIERKE, O. V. (1880), *Johannes Althusius und die Entwicklung der naturrechtlichen Staatstheorien.*

GONZÁLEZ NAVARRO, F. (2005), *Gobierno en funciones y despacho ordinario de los asuntos públicos. Del paradigma* de la *"prorrogación"* de funciones al de la *"conversión"* orgánica.

GUAITA, A. (1967), *El Consejo de ministros.*

INNERARITY, D. (2015), *La política en tiempos de indignación,* Galaxia Gutenberg, Barcelona.

JIMÉNEZ VACAS, J. J. (2020), «Sobre globalización y derechos humanos», en *Los derechos humanos en el siglo XXI: en la conmemoración del 70 aniversario de la Declaración* / José Antonio Pinto Fontanillo (ed. lit.), Ángel Sánchez de la Torre (ed. lit.), vol. 2, tomo 2: *Los derechos humanos desde la perspectiva global, humanista y cultural,* pp. 141-145.

JIMÉNEZ VACAS, J. J. (2020), «*"Compliance"* como instrumento al servicio de la integridad y la ética pública», en *Guía práctica de* Compliance *en el Sector Público* (Coord.) Campos Acuña, M.ª C., Ed. Wolters Kluwer, La Ley, Madrid.

JIMÉNEZ VACAS, J. J. (2021), Capítulo 4.º «Estructuras de gobernanza para la recuperación», en *La gestión de los fondos* next generation: *claves de la revolución administrativa*/ M.ª Concepción Campos Acuña (dir.), pp. 123-156.

JIMÉNEZ VACAS, J. J. (2021), «Régimen de los órganos colegiados de gobierno». *Gabilex: Revista del Gabinete Jurídico de Castilla-La Mancha,* n.º 25, pp. 171-204.

JIMÉNEZ VACAS, J. J. (2021), «Breve comentario jurisprudencial sobre el "despacho ordinario" de asuntos públicos por un gobierno en funciones», *Gabilex: Revista del Gabinete Jurídico de Castilla-La Mancha,* n.º 27, pp. 15-35.

JIMÉNEZ VACAS, J. J. y LARREA HERNÁNDEZ-TE-JERO, C. (2022), «Códigos éticos y de conducta pública», *Gabilex: Revista del Gabinete Jurídico de Castilla-La Mancha,* n.º 31, pp. 213-262.

JIMÉNEZ VACAS, J. J. (2022), *El acto de certificación, análisis de la función certificante del secretario de los órganos colegiados de las Administraciones públicas,* Ed. Colex, A Coruña.

JIMÉNEZ VACAS, J. J. (2022), *De la Gobernanza, liderazgo y ética pública.* Centro de Investigación para la Gobernanza Global de la Universidad de Salamanca (USAL), Salamanca.

JIMÉNEZ VACAS, J. J. (2023), *Ética pública y gobernanza,* Ed. Dextra, Madrid.

JIMÉNEZ VACAS, J. J. (2024), *Diálogos para el futuro judicial LXXVI. Constitución Española: estado y reformas.* Álvaro Perea González (coord.), con Manuel Fernández-Fontecha Torres, Elisa de la Nuez Sánchez-Cascado, José Amérigo Alonso, Diario La Ley n.º 10450.

LAPUENTE, V. (2015), *El retorno de los chamanes,* Ed. Península, Barcelona.

LÓPEZ DONAIRE, B. (2022), «Los códigos de conducta en el marco de integridad», en *La Directiva de protección de los denunciantes y su aplicación práctica al Sector público* (Coord.) Gimeno Beviá, J. y López Donaire, B., Tirant lo Blanch, Valencia.

MORELL OCAÑA, L. (1988), *Derecho de la organización administrativa.*

MORENO LUCÍA, P. (2023), «La decadencia de la separación de poderes en un Estado irreconocible», en obra colectiva: *Una nueva mirada al mundo* (Coord. Enrique Cortés de Abajo y Juan Francisco Hernández Alfaro), Ed. Dextra, Madrid.

NAEF, W. (1946), *La idea del Estado en la edad moderna,* Ed. Nueva Época, Madrid.

PARADA VÁZQUEZ, R. (1996), *Derecho administrativo. II Organización y empleo público.*

PECES-BARBA MARTÍNEZ, G. (1993), *Ética pública y Derecho.*

PRATS I CATALÁ, J. (2005), *De la burocracia al* management, *del* management *a la gobernanza: Las transformaciones de nuestro tiempo,* INAP, Madrid.

RENAUT, A. (1998), *El futuro de la ética.*

RODRÍGUEZ ARANA MUÑOZ, J. (2002), *Sobre el libro blanco de la gobernanza europea,* tomo 3º.

SÁNCHEZ, F. (2023), «El fin de la épica: La normalización de Cuba en América Latina y la institucionalización autoritaria», en la obra colectiva *El futuro de la Cuba postrevolucionaria,* (Coord. Susanne Gratius y Matías Morgan), Tecnos, Madrid.

SANDEL, M. J. (2020), *La tiranía del mérito, ¿Qué ha sido del bien común?* Debate. Barcelona.

SANDEL, M. J. (2023), *El descontento democrático, en busca de una filosofía pública,* Ed. Debate, Barcelona

SANTAMARÍA PASTOR, J. A. (1988) *Fundamentos de Derecho administrativo,* vol. I, Ceura, Madrid.

SCHMIDT-AßMANN, E. (2006), «La ciencia del Derecho administrativo ante el reto de la internacionalización de las relaciones administrativas». *Revista de Administración pública, R.A.P.,* núm. 171.

SPIEGEL, L. (1933), *Derecho administrativo* (traducción del alemán por Francisco J. Conde, Universidad de Sevilla), Ed. Labor, sección VIII, ciencias jurídicas, n.º 342, Barcelona-Buenos Aires.

SUNSTEIN, C. (1996), *Legal Reasoning and Political Conflict.*

TEMELKURAN, E. (2019), *Cómo perder un país: Los siete pasos de la democracia a la dictadura,* Ed. Anagrama, Argumentos, Barcelona.

TENA ARREGUI, R. (2023), Sobre si una ley de amnistía vulnera el Estado de Derecho. Blog Fundación Hay Derecho, comentarios, 18 de septiembre de 2023.

VALERO TORRIJOS, J. (2002), *Los órganos colegiados.* INAP, Madrid.

VILLORIA MENDIETA, M., e IZQUIERDO SÁNCHEZ, A. (2016), *Ética pública y Buen Gobierno. Regenerando la democracia y luchando contra la corrupción desde el servicio público,* Tecnos, Madrid.